X

COURS ÉLÉMENTAIRE

DE

GRAMMAIRE FRANÇAISE.

Les formalités exigées par la loi ayant été remplies, des poursuites seront dirigées contre les contrefacteurs et les débitants de contrefaçons.

Pierre Maumus

SÉVRES. = Imprimerie de M. CERF.

COURS

ÉLÉMENTAIRE

DE GRAMMAIRE

FRANÇAISE,

RÉDIGÉ D'APRÈS UNE MÉTHODE NOUVELLE,

Qui permet l'emploi de la forme dialogique,

ET SUIVI D'EXERCICES ORTHOGRAPHIQUES ET DE MODÈLES
D'ANALYSE GRAMMATICALE ;

Par A. FRICADEL-DUBIEZ,

Auteur des *Premiers Éléments de Géographie*, des *Petites Leçons de
Morale*, etc., ouvrages approuvés par M. le Recteur
de l'Académie de Nancy.

————◦◦◦◦————

PARIS,

LIBRAIRIE ENFANTINE ET JUVÉNILE DE PIERRE NAUMUS,

Rue du Jardinet, 1.

——

1849.

1850

PRÉFACE.

CETTE nouvelle Grammaire française, quant au fond, diffère peu de celles qui l'ont précédée; ce sont les mêmes règles, les mêmes exceptions, les mêmes remarques, rangées, il est vrai, dans un ordre plus méthodique.

Quant à la forme, nous nous sommes permis quelques innovations.

L'une de ces innovations consiste à avoir donné, dès les premières pages du livre, la définition de toutes les parties du discours. Cette marche nous a paru la plus rationnelle : 1° en ce qu'elle permet à l'élève de connaître, dès les premières leçons, à quelle espèce appartient tel ou tel mot d'une phrase, et d'être exercé de suite sur toutes les parties du discours; 2° en ce que, dans le traité particulier de chaque espèce de mot, elle permet d'indiquer les rapports qui peuvent exister entre cette espèce de mot et d'autres parties du discours que l'élève ne connaîtrait pas encore, et dont on ne pourrait parler conséquemment, sans les définitions données au commencement de l'ouvrage.

Une autre innovation consiste dans la multiplicité des titres. Nous avons pensé que ces titres, ainsi multipliés, seraient utiles aux élèves, en leur offrant des repos fréquents, propres à soulager leur mémoire, et qu'ils seraient comme des jalons, servant à guider les enfants dans l'étude de la grammaire. Nous avons pensé, en outre, que les maîtres pourraient faire usage de ces titres comme de demandes, et en tirer un parti très-avantageux. Ainsi, en supposant que l'élève soit arrivé à la page 19, qui traite de l'accord de l'adjectif, le maître pourra dire :

Accord de l'adjectif avec le substantif.

L'ÉLÈVE.

Tout adjectif doit prendre le genre et le nombre du substantif auquel il se rapporte.

LE MAITRE.
Exemples.

L'ÉLÈVE.

« Un homme *bienfaisant*, une femme *vertueuse*, de *beaux* jardins, des fleurs *charmantes*. »

LE MAITRE.
Développements.

L'ÉLÈVE.

Dans ces exemples, *bienfaisant* est au masculin et au singulier parce qu'il se rapporte à *homme*, qui est du masculin et au singulier, etc.

LE MAITRE.
Accord de l'adjectif avec deux noms singuliers.

L'ÉLÈVE.

Quand un adjectif se rapporte à deux noms singuliers, etc.

LE MAITRE.

Exemples.

L'ÉLÈVE.

« Le roi et le berger sont *égaux* après la mort (et non pas *égal*), etc. »

LE MAITRE.

Place de l'adjectif.

L'ÉLÈVE.

L'adjectif se met tantôt avant le nom, tantôt après, etc.

LE MAITRE.

Exemples.

L'ÉLÈVE.

L'adjectif est placé avant le nom dans ces mots : « *beau* jardin , etc. »

LE MAITRE.

Régime ou complément de l'adjectif.

L'ÉLÈVE.

On appelle *régime* ou *complément* de l'adjectif tout mot qui en complète le sens , etc.

LE MAITRE.

Exemples avec développements.

L'ÉLÈVE.

« *Digne de récompense.* — *Semblable à son père.* » Dans ces exemples , *récompense* est le régime de l'adjectif *digne* , etc.

On voit que non seulement cette méthode offre l'avantage des demandes et des réponses, mais encore qu'elle donne au dialogue plus de vivacité et de brièveté. Nous ajouterons qu'elle présente en outre plus de clarté , en ce qu'elle permet à l'élève de distinguer, au premier coup-d'œil, la règle de ses exceptions et des remarques qui l'accompagnent, et qu'elle rend , pour ainsi dire, sensibles toutes les gradations par lesquelles on arrive à la connaissance de chacune des parties du discours , et enfin à celle de la grammaire.

Pour plus de clarté encore , nous avons mis en caractères un peu gros tout ce qui doit rester gravé dans la mémoire des enfants , et nous avons mis en caractères plus fins les exemples et les développements qui n'exigent de la part de l'élève qu'une lecture attentive, et qui demandent à être compris plutôt qu'à être appris par cœur.

Songeant que nous écrivions pour des enfants, nous nous sommes efforcés, dans cette nouvelle grammaire, de donner des définitions à la fois simples et exactes, et nous avons placé à la fin de l'ouvrage des exercices orthographiques et des modèles d'analyse grammaticale, qui deviendront, entre les mains de maîtres habiles , un puissant moyen pour hâter les progrès des élèves. C'est là l'objet de tous nos vœux.

COURS ÉLÉMENTAIRE

DE GRAMMAIRE FRANÇAISE·

CHAPITRE PREMIER (*).

NOTIONS PRÉLIMINAIRES.

Grammaire.—*Son but.*—*Ses moyens.*

La *grammaire* est l'art de la parole. Son but est d'enseigner à parler et à écrire correctement.

Pour parler et pour écrire, on emploie des *lettres ;* les lettres se divisent en *voyelles* et en *consonnes.*

Voyelles.

Les *voyelles* sont *a, e, i, o, u* et *y.* On les appelle *voyelles*, parce que, seules, elles forment une *voix*, un son. ₍₁₎

Consonnes.

Les *consonnes* sont *b, c, d, f, g, h, j, k, l, m, n, p, q, r, s, t, v, x, z.* On les appelle *consonnes*, parce qu'elles ne forment un son qu'avec le secours des voyelles. ₍₂₎

Voyelles composées.

Lorsque plusieurs voyelles réunies ne forment qu'un son, comme *ai, au, eu, ou, eau,* etc., on les nomme *voyelles composées.* ₍₃₎

Diphtongues.

Lorsque plusieurs voyelles, prononcées d'une seule émission de voix, forment néanmoins deux sons, comme *ia, ié, ieu, oui, ui,* on les nomme *diphtongues.* ₍₄₎

Voyelles longues et brèves.

Les voyelles sont *longues* ou *brèves.*

Les voyelles *longues* sont celles sur lesquelles on ₍₅₎

(*) Les chiffres placés en marge des pages sont des numéros d'ordre, auxquels renvoient les numéros placés dans le texte, entre des parenthèses ( ).

appuie plus longtemps que sur les autres, en les pro-
nonçant.

Les voyelles *brèves* sont celles sur lesquelles on
appuie moins longtemps.

EXEMPLES.

« *a* est long dans *pâtre*, et bref dans *cravatte.* »

« *e* est long dans *tempête*, et bref dans *trompette.* »

« *i* est long dans *gîte*, et bref dans *chapitre.* »

« *o* est long dans *apôtre*, et bref dans *dévote.* »

« *u* est long dans *flûte*, et bref dans *dispute.* »

L'accent circonflexe est le signe qui distingue les
voyelles longues des voyelles brève.

Différentes sortes d'e.

L'*e* en français a trois sons différents :

7   Il a le son *muet* quand il se prononce d'une manière
sourde et peu sensible.

Comme dans « *homme, monde.* »

8   Il a le son *fermé* quand il se prononce la bouche
presque fermée.

Comme dans « *bonté, café.* »

9   Il a le son *ouvert* quand il se prononce en appuyant
dessus et en desserrant les dents.

Comme dans « *procès, accès, succès.* »

Remarque sur l'y.

PREMIÈREMENT.

10   L'*y*, placé après une voyelle, dans le milieu d'un
mot, s'emploie pour deux *i*.

Comme dans « *pays, moyen, joyeux,* » que l'on prononce
comme s'il y avait *pai-is, moi-ien, joi-ieux.*

DEUXIÈMEMENT.

11   Dans tout autre cas, *y se prononce comme un
seul i.*

Remarque sur la consonne h.

La consonne *h* est *muette* ou *aspirée.*

PREMIÈREMENT.

12   Elle est *muette,* lorsqu'elle ne se fait pas sentir dans
la prononciation.

Comme dans « *l'homme, l'honneur,* » que l'on prononce
comme s'il y avait *l'omme, l'onneur.*

DEUXIÈMEMENT.

Elle est *aspirée*, lorsqu'elle fait prononcer du gosier 13
la voyelle qui la suit.

Comme dans « la *haine*, le *hameau*, les *héros*. » (Prononcez
lé héros et non *lé zhéros*.)

Majuscules.

On nomme *majuscules* ou *capitales* de grandes 14
lettres dont on fait usage en certaines circonstances.
Au commencement des noms propres et des alinéas,
et après un point.

Comme « A, B, C, D. »

Syllabes.

On nomme *syllabe* toute réunion de lettres qui 15
peuvent être prononcées d'une seule émission de voix.

Ainsi, dans *vertu* il y a deux syllabes, *ver-tu*; dans *éloquent*,
il y en a trois, *é-lo-quent*.

Mots.

On appelle *mot* une syllabe ou plusieurs syllabes 16
réunies, qui expriment une idée quelconque.

Comme « *bon*, *beauté*, *jardin*, *chanter*. »

Monosyllabes.

Quand un mot se compose d'une seule syllabe, on 17
le nomme *monosyllabe*.

Comme « *Dieu*, *bien*, *mal*. »

Signes orthographiques.

Les *signes orthographiques* sont de petits signes,
dont on se sert pour modifier la prononciation de
certaines lettres, ou pour marquer la suppression
d'une lettre, ou pour lier plusieurs mots entre eux.

Énumération des signes orthographiques.

Les signes orthographiques sont l'*accent aigu*,
l'*accent grave*, l'*accent circonflexe*, le *tréma*, la *cédille*,
l'*apostrophe* et le *trait d'union*.

Accent aigu.

L'accent *aigu* est un petit signe (´) qui va de droite 18
à gauche, et qui se met sur les *é* fermés.

Comme dans « *beauté*, *bonté*. »

1.

Accent grave.

L'accent *grave* (`) va de gauche à droite, et se met
9 sur les *è* ouverts.

Comme dans « *accès, succès.* »

Accent circonflexe.

20   L'accent *circonflexe* (^) a la forme d'un *V* ren-
versé, et se met sur la plupart des voyelles longues.

Comme dans « *fenêtre, apôtre.* »

Tréma.

21   Le *tréma* (··) est un double point, que l'on met sur
les voyelles *e, i, u,* pour indiquer que ces voyelles
doivent être prononcées séparément de la voyelle qui
précède.

Comme dans « *haïr, Saül, ciguë,* » qui se prononcent *ha-ir,
Sa-ul, cigu-e.*

Cédille.

22   La *cédille* (¸) est un petit signe que l'on place sous
le *c,* devant *a, o, u,* pour avertir qu'il doit avoir le
son de *s.*

Comme dans « *leçon, façon, reçu.* »

Apostrophe.

23   L'*apostrophe* (') sert à marquer la suppression
d'une des voyelles *a, e, i,* dans certains mots.

Ainsi l'on écrit « *j'aime,* pour *je aime; l'amitié,* pour *la
amitié; l'honneur,* pour *le honneur.* »

Trait d'union.

24   Le *trait d'union* (-) sert à unir plusieurs mots
entre eux.

Comme dans « *chef-lieu, tout-à-coup, sur-le-champ.* »

CHAPITRE II.

DES PARTIES DU DISCOURS.

On appelle *parties du discours* les différentes sortes
25 de mots qui composent la langue française, et l'on
appelle *phrase* la réunion de ces différentes sortes de
mots, combinées entre elles de manière à présenter un
sens complet.

Énumération des parties du discours.

Il y a en français dix sortes de mots, savoir : le *nom* 26
ou *substantif*, l'*article*, l'*adjectif*, le *pronom*, le *verbe*,
le *participe*, l'*adverbe*, la *préposition*, la *conjonction*
ou mieux le *conjonctif* et l'*interjection*.

Les six premiers sont variables et les autres sont
invariables.

Les mots variables sont ceux qui changent dans leur
manière de s'écrire, les mots invariables sont ceux qui
ne changent pas.

Nom ou Substantif.

Le *nom* ou *susbtantif* est un mot qui sert à nommer
les personnes et les choses, les êtres animés et ceux 27
qui ne le sont pas, les objets réels et ceux qui sont
abstraits (*).

On reconnaît qu'un mot est un nom, quand on
peut y joindre un des mots *beau, belle, grand, grande,* 28
petit, petite.

EXEMPLES AVEC DÉVELOPPEMENTS.

Les mots « *Eugène, Sophie, cheval, table, vertu,* » sont des
noms, parce qu'ils servent à nommer une personne ou une chose
(27). On reconnaît qu'ils sont noms parce qu'on peut dire : *bon*
« Eugène, *belle* Sophie, *grand* cheval, *petite* table, *grande*
» vertu (28). »

Article.

L'article est un petit mot qui se met devant le nom
pour le déterminer ou en faire connaître le genre et le 29
nombre.

Il n'y a en français que l'article *le, la, les.* Il est
toujours joint à un substantif, on l'appelle article
simple.

EXEMPLES.

« *La* femme à laquelle j'ai parlé est aimable. — *Le* chien de
» berger est très-utile. — *Les* hommes sont susceptibles de civili-
» sation. »

DÉVELOPPEMENTS.

Dans ces exemples, l'article *le, la, les,* annonce que les subs-

---

(*) On appelle *abstraite* une chose que l'on ne peut ni voir, ni tou-
cher, ni entendre, ni flairer, et que l'esprit seul peut concevoir. Telles
sont les facultés de l'ame et les qualités du cœur, comme *prudence,*
courage, intelligence, bonté, etc.

tantifs *femme*, *chien*, *hommes*, vont être employés dans un sens déterminé pour désigner un *individu* particulier, ou une *espèce* particulière d'individus, ou un *genre* entier d'individus.

En effet, *la* annonce que *femme* va être employé pour désigner tel *individu* du sexe féminin ; *le* annonce que *chien* va être employé pour désigner une certaine *espèce* de chiens ; *les* annonce que *hommes* va être employé pour désigner la totalité des hommes, c'est-à-dire, le *genre* humain tout entier.

Adjectif.

L'*adjectif* est un mot que l'on ajoute au nom, pour 30 en marquer la qualité, la manière d'être. On connaît qu'un mot est adjectif, quand on peut y joindre le 31 mot *personne* ou le mot *chose*.

EXEMPLES AVEC DÉVELOPPEMENTS.

Ainsi dans ces exemples : « *bon* père, *bonne* mère, ville *agréable*, » *bon*, *bonne*, *agréable*, sont des adjectifs, parce qu'ils marquent la manière d'être des noms auxquels ils sont joints (30). On reconnaît qu'ils sont adjectifs parce qu'on peut dire : « *bonne* » *personne*, *chose agréable* (31). »

Pronom.

Le pronom est un mot qui tient la place d'un nom 32 sous-entendu (*), ou d'un nom exprimé précédemment, dont on veut éviter la répétition.

EXEMPLE.

« *Je vous* ai parlé d'un enfant *qui* étudie bien sa grammaire, » et *dont je* suis content, parce qu'*il la* saura bientôt. »

DÉVELOPPEMENTS.

Dans cet exemple, *je* est un pronom qui tient la place de la personne qui parle ; *vous* est un pronom qui tient la place de la personne à qui l'on parle ; *qui*, *dont* et *il* sont des pronoms qui tiennent la place du nom *enfant*, exprimé précédemment; *la* est un pronom qui tient la place du nom *grammaire*, exprimé précédemment (**).

Verbe.

33 Le *verbe* est un mot qui sert à affirmer que l'objet

(*) On dit qu'un mot est *sous-entendu,* quand il n'est pas exprimé dans la phrase.

(**) C'est comme si l'on disait : « *ma personne* a parlé à *votre personne* d'un enfant ; *cet enfant* étudie bien sa grammaire ; *ma personne* est contente *de cet enfant,* parce que *cet enfant* saura bientôt sa *grammaire.* » On voit par cette phrase combien est grande l'utilité des pronoms.

dont on parle, existe, ou qu'il est de telle manière, ou qu'il fait telle chose. On reconnaît qu'un mot est un 34 verbe, quand on peut le faire précéder des pronoms *je, tu, il, nous, vous, ils*.

Ainsi, dans ces exemples : « Dieu *est* ; — Dieu *est* bon, il *est* juste ; — Eugène *chante, lit, écrit, étudie* ; » le mot *est* est un verbe parce que, dans le premier exemple, il affirme l'existence de Dieu, et que, dans le second exemple, il affirme que Dieu est de telle manière ; les mots *chante, lit, écrit, étudie*, sont aussi des verbes, parce qu'ils affirment qu'Eugène fait telle ou telle action, par exemple, celle de *chanter, de lire*, etc. (33). On reconnaît que ces mots sont des verbes parce qu'on peut dire « *je suis, tu es, il chante, nous lisons, vous écrivez, ils étu- dient* (34). »

Participe.

Le *participe* est un mot qui tient du verbe et de l'adjectif. Il tient du verbe, en ce que, comme lui, il 35 exprime une action ; il tient de l'adjectif, en ce que, comme lui il qualifie le substantif c'est-à-dire, qu'il en 36 exprime la manière d'être.

Ainsi, dans ces mots : « un enfant *obéissant* à ses parents et bien *élevé* ; » les mots *obéissant* et *élevé* sont participes, parce que, comme les adjectifs, ils expriment la manière d'être de cet enfant (35), et que, comme les verbes, ils expriment en outre une action, celle d'*obéir* et celle d'*être bien élevé* (36).

Adverbe.

L'*adverbe* est un mot que l'on ajoute au verbe et 37 quelquefois à l'adjectif, pour en modifier la significa- tion.

Ainsi, dans ces mots : « je l'aime *peu* ou *beaucoup* ; — je le vois *souvent* ou *quelquefois*, ou *rarement* :— il se conduit *sa- gement, modestement* ; » les mots *peu, beaucoup, souvent, quelquefois, rarement, sagement, modestement*, sont des ad- verbes qui modifient la signification des verbes *aimer, voir* et *se connaître*.

Préposition.

La *préposition* est un mot qui sert à exprimer un 38 rapport entre le mot qui précède cette préposition et le mot qui la suit.

« Le livre *de* Pierre. — Utile *à* sa patrie.—Je suis *dans* l'eau,
» —*sur* l'eau, — *sous* l'eau, —*près de* l'eau, — *loin de* l'eau, —
» *sans* eau.— Je pars *pour* Lyon. — Je travaille *avec* ma sœur. »

DÉVELOPPEMENTS.

Dans ces exemples, les mots *de, à, sur, sous, près de, loin de,
sans, pour, avec,* sont des prépositions qui expriment les rapports
existant entre *Pierre* et *livre*, entre *patrie* et *utile*, entre *eau* et
je suis, entre *Lyon* et *je pars*, entre *ma sœur* et *je travaille*.

Conjonction.

La *conjonction* ou mieux *conjonctif*, est un mot qui
sert à lier entre elles les diverses parties d'une phrase.
Conjonction signifie union, et conjonctif qui unit. Ce
dernier mot convient mieux en ce qu'il exprime ses
39 fonctions dans une phrase.

EXEMPLE.

Ainsi, dans cette phrase : « Craignez *que* la gourmandise *et* la
» paresse ne s'emparent de vous ; *car* ces vices sont bien dange-
» reux, *puisqu'ils* conduisent à la misère *dès qu'*on s'y aban-
» donne ; » les mots *que, et, car, puisque, dès que,* sont des
conjonctifs, puisqu'ils servent à lier entre elles les diverses parties de cette phrase.

Interjection.

L'*interjection* est un mot qui sert à exprimer une
40 affection soudaine de l'âme, comme la joie, la douleur,
l'étonnement.

EXEMPLES.

Ainsi dans ces mots : « *Ah !* que je suis content ! — *hélas !* que
» je souffre ! — *oh !* quel éclair ! » Les mots *ah, hélas, oh,* sont
des interjections.

CHAPITRE III.

DU NOM ou SUBSTANTIF.
Voyez la définition (27).

Différentes sortes de noms.

Il y a deux sortes de noms, le nom *commun* et le
nom *propre*.

Nom commun.

Le nom *commun* est celui qui convient à plusieurs
41 personnes ou à plusieurs choses semblables.

Ainsi les mots : « *homme, cheval, maison,* » sont des noms

communs, puisqu'ils conviennent à tous les *hommes*, à tous les *chevaux*, à toutes les *maisons*.

Nom propre.

Le nom *propre* est celui qui ne convient qu'à une 42 seule personne ou à une seule chose.

Comme : « *Antoine, Eugène, Nancy, la Moselle.* »

Remarque.

Le nom propre ne prend jamais l'article *le, la, les.* 43

Sont exceptés les noms de rivières, de montagnes, de 44 nations.

Comme : « *la Meurthe, les Vosges, la Suisse, les Français.* »

Genres des noms.

Il y a en français deux genres, le *masculin* et le *féminin*. Tous les noms sont ou masculins ou féminins.

PREMIÈREMENT.

Les noms *masculins* servent à désigner les êtres du 45 sexe masculin. On les reconnaît, en ce qu'on peut les faire précéder de l'article *le* (lorsque toutefois ce ne 46 sont pas des noms propres).

EXEMPLES AVEC DÉVELOPPEMENTS.

Tels sont les noms : « *berger, cheval, chien, chat* (45). » On reconnaît que ces noms sont masculins, parce qu'on peut dire : « *le* berger, *le* cheval, *le* chien, *le* chat (46). »

DEUXIÈMEMENT.

Les noms *féminins* servent à désigner les êtres du 47 sexe féminin. On les reconnaît, en ce qu'on peut les faire précéder de l'article *la* (lorsque toutefois ce ne 46 sont pas des noms propres).

EXEMPLES AVEC DÉVELOPPEMENTS.

Tels sont les noms « *femme, chatte, brebis, tourterelle* (47). » On reconnaît que ces mots sont féminins, parce qu'on peut dire : « *la* femme, *la* chatte, *la* brebis, *la* tourterelle (46). »

TROISIÈMEMENT.

Enfin, par imitation, on a donné le genre masculin 49 ou le genre féminin à des choses qui ne sont ni mâles ni femelles.

Comme « *le livre, la table, le soleil, la lune, le bonheur, la* » *vertu.* »

Nombres.

Les noms ont deux nombres, le *singulier* et le *pluriel*.

Singulier.

50   Le *singulier* sert à désigner une seule personne ou une seule chose.

Comme « *un homme, un livre, une rivière, une plume.* »

Pluriel.

51   Le *pluriel* sert à désigner plusieurs personnes ou plusieurs choses.

Comme « *les hommes, les livres, les rivières, les plumes.* »

Formation du pluriel dans les noms.

PREMIÈREMENT.

52   Pour former le pluriel dans les noms, on ajoute *s* à la fin de ce nom.

Comme « *un bienfait, des bienfaits ; une récompense, des* » *récompenses.* »

DEUXIÈMEMENT.

53   Les noms terminés au singulier par *s, z, x,* n'ajoutent rien au pluriel.

Comme « *le fils, les fils ; le nez, les nez ; la voix, les voix.* »

1ʳᵉ EXCEPTION. *Noms en* au*, en* eu *et en* ou.

54   Les noms terminés au singulier par *au, eu, ou,* prennent *x* au pluriel.

Comme « *le tableau, les tableaux ; le cheveu, les cheveux ;* » *le genou, les genoux.* »

55   Cependant les noms *clou, cou, écrou, matou, sou, trou, verrou,* forment leur pluriel régulièrement, *clous, cous, écrous,* etc.

2ᵉ EXCEPTION. *Noms en* al *et en* ail.

56   La plupart des noms terminés au singulier par *al* et quelques noms en *ail* font leur pluriel en *aux*.

EXEMPLES.

Ainsi *mal, cheval, animal, bail, corail, émail, soupirail, travail,* font au pluriel *maux, chevaux, animaux, baux, coraux,* etc ; *ail* fait *aulx.*

57   Cependant les noms *bal, régal, carnaval,* et les noms en *ail* autres que ceux cités ci-dessus, font leur pluriel régulièrement, *bals, régals, carnavals, détails,* etc.

3ᵉ EXCEPTION. *Aïeul, ciel, œil.*

58   *Aïeul, ciel, œil,* font au pluriel *aïeux, cieux, yeux.*

59   Cependant *aïeul* fait *aïeul* quand on veut désigner précisément le grand-père paternel et maternel : *ciel* fait *ciels* dans *ciels-de-lit*; *œil* fait *œils* dans *œils-de-bœuf*.

Remarque sur quelques noms en ant *et* ent.

Les noms terminés par *ant* ou *ent* perdent ou con- 60 servent indifféremment le *t* final au pluriel. Il est cependant mieux de le conserver partout.

EXEMPLES.

Ainsi *enfant, appartement*, s'écrivent indifféremment *enfants* ou *enfans , appartements* ou *appartemens.*

Toutefois, les noms d'une seule syllabe conservent toujours le 61 *t , gant, gants, dent , dents.* En le conservant partout l'on évite cette remarque.

Remarque sur les noms empruntés à des langues étrangères.

Les noms empruntés à des langues étrangères ne 62 prennent pas ordinairement la marque du pluriel.

Ainsi on écrit au pluriel comme au singulier *alibi, imbroglio , quiproquo.*

Régime ou complément du substantif.

On appelle *complément* tout mot dont la fonction est, de compléter l'idée commencée par un autre mot.

Le complément du substantif est presque toujours 63 composé de la préposition *de* (38) et d'un substantif. On reconnaît ce complément en faisant la question *de qui* ou *de quoi?* après le substantif; la réponse indique 64 quel est le complément.

EXEMPLES AVEC DÉVELOPPEMENTS.

Ainsi, dans ces exemples : « Le chapeau *de Pierre*, la pratique » *de la vertu ;* » *de Pierre* est le complément de *chapeau ; de la vertu* est le complément de *pratique* (63). Ce qui le prouve, c'est qu'en faisant la question : *Le chapeau de qui?* la réponse est : *de Pierre*. De même, en faisant la question : *La pratique de quoi ?* la réponse est : *de la vertu* (64).

CHAPITRE IV.

DE L'ARTICLE.

Voyez la définition (29).

Ainsi que nous l'avons dit précédemment , l'article

65 *le, la, les,* est toujours joint à un substantif, à moins que ce substantif ne soit sous-entendu (*).

66 *Le* se met devant un nom masculin singulier ; *la* se met devant un nom féminin singulier ; *les* se met devant les noms pluriels, soit masculins, soit féminins.

Comme « *le chat, la souris, les chats, les souris.* »

Suppression de la lettre e *dans* le *et de la lettre* a *dans* la.

67 On remplace par une apostrophe la lettre *e* dans *le,* et la lettre *a* dans *la,* lorsque le mot suivant commence par une voyelle ou une *h* muette.

Ainsi on dit : « *l'argent,* pour *le argent, — l'histoire,* pour *la*
» *histoire.*

Contraction de l'Article (**).

68 L'article, joint à la préposition *de* ou *à,* se contracte de la manière suivante.

On dit *du* pour *de le, au* pour *à le,* devant les mots qui commencent par une consonne ou une *h* aspirée. On dit toujours *des* pour *de les, aux* pour *à les,* soit que le mot suivant commence par une voyelle ou une consonne. On l'appelle article composé.

EXEMPLES.

« L'amour *du* bien, » pour *de le* bien. — « Se rendre utile *au*
» prochain, » pour *à le* prochain. — « Le pardon *des* injures, »
pour *de les* injures. — « Donner *aux* pauvres, » pour *à les* pauvres.

CHAPITRE V.

ADJECTIF.

Voyez la définition (30).

Genres et nombres des adjectifs.

Les adjectifs n'ont par eux-mêmes ni genres ni

(*) Ainsi, dans ces mots : « *la malade,* » le mot *femme* est sous-entendu ; c'est comme si l'on disait : « la *femme* malade. »

(**) On appelle *contraction,* la réduction de deux mots en un, ou de deux syllabes en une.

nombres; mais ils prennent le genre et le nombre des 69
noms auxquels ils sont joints.

Ainsi on dit qu'un adjectif est au masculin ou 'au
féminin, au singulier ou au pluriel, selon qu'il est
joint à un nom masculin ou féminin, singulier ou
pluriel.

Formation du féminin dans les adjectifs.

PREMIÈREMENT.

Quand l'adjectif est terminé par un e muet au mas- 70
culin, il ne change point au féminin. On l'appelle des
deux genres.

Tels sont les adjectifs « *honnête, sensible, possible.* »

DEUXIÈMEMENT.

Quand l'adjectif ne finit point par un e muet au 71
masculin il en prend un au féminin.

Comme « *prudent, prudente; saint, sainte; méchant, mé-*
» *chante; poli, polie; vrai, vraie.* »

1re EXCEPTION. *Adjectifs terminés par c.*

Parmi les adjectifs ayant cette terminaison les adjec- 72
tifs *blanc, franc, sec,* font au féminin *blanche, franche,*
sèche; — *public, caduc, turc,* font *publique, caduque,*
turque;—*grec* fait *grecque.*

2e EXCEPTION. *Adjectifs en f.*

Les adjectifs terminés au masculin par *f* font leur 73
féminin en *ve.*

Comme « *bref, brève; naïf, naïve; neuf, neuve.* »

3e EXCEPTION. *Adjectifs doublant la consonne finale.*

Beaucoup d'adjectifs doublent au féminin la con- 74
sonne finale, en prenant un e muet.

PREMIÈREMENT.

Tels sont les adjectifs terminés par *el* et par *eil,* et 75
les adjectifs terminés par *en* et par *on.*

Comme « *cruel, cruelle; pareil, pareille; ancien, ancienne;*
« *bon, bonne.* »

DEUXIÈMEMENT.

Quelques adjectifs terminés par *s,* savoir : 76

Gras, las, bas, épais, profès, exprès, gros, » qui font au féminin *grasse, lasse,* etc. »

TROISIÈMEMENT.

Les adjectifs terminés par *et.* 77

Comme « *net, nette; muet, muette.* »

87   Cependant *complet, concret, discret, inquiet, replet, secret,*
font *complète, concrète,* etc.

QUATRIÈMEMENT.

79   Tels sont encore les adjectifs *gentil, nul, paysan,
sol, vieillot,* qui font au féminin *gentille, nulle,
paysanne, sotte, vieillotte.*

CINQUIÈMEMENT.

80   Les adjectifs *beau, nouveau, mou, fou, vieux,* font
belle, nouvelle, molle, folle, vieille, parce qu'on dit
aussi au masculin *bel, nouvel, mol, fol, vieil,* devant une
voyelle ou une *h* muette. *Jumeau* fait *jumelle.*

4ᵉ EXCEPTION. *Adjectifs en* eur.

81   La plupart des adjectifs terminés par *eur* font leur
féminin en *euse.*

Comme « *trompeur, trompeuse; causeur, causeuse.* »

82   Cependant *pécheur, vengeur, demandeur, défendeur, devineur, chasseur, enchanteur,* font *pécheresse, vengeresse, deman-
deresse, défenderesse, devineresse, chasseresse. Ambassadeur*
fait *ambassadrice.*

Remarque sur quelques adjectifs en eur.

83   Les adjectifs en *eur* indiquant une comparaison
font leur féminin régulièrement en ajoutant un *e.*

Comme « *supérieur, inférieur, antérieur, postérieur, meil-
» leur,* » qui font au féminin *supérieure, inférieure, antérieure,* etc.

5ᵉ EXCEPTION. *Ajectifs en* teur.

84   La plupart des adjectifs terminés par *teur* font *trice*
au féminin.

Comme « *tuteur, tutrice; bienfaiteur, bienfaitrice.* »

85   Cependant *menteur, flatteur, rapporteur, sauteur, radoteur,*
font *menteuse, flatteuse,* etc. *Chanteur* fait *cantatrice* (*).

6ᵉ EXCEPTION. *Adjectifs en* x.

86   Dans les adjectifs terminés par *x,* on change *x* en *se.*

Comme « *dangereux, dangereuse; jaloux, jalouse; honteux, honteuse.* »

87   Cependant *doux, roux, faux, vieux,* font *douce, rousse,
fausse, vieille.*

(*) On ne dit *chanteuse,* qu'en parlant de femmes qui font métier
de chanter dans les rues.

7ᵉ EXCEPTION. *long, oblong, coi, favori*, etc.

Les adjectifs *long, oblong*, font au féminin *longue,* 88
oblongue; — coi, favori, font *coite, favorite; — malin,*
bénin, font *maligne, bénigne; — frais* fait *fraîche; —*
tiers fait *tierce.*

Remarque sur les adjectifs en gu.

Dans les adjectifs ayant cette terminaison, on met, 89
au féminin, un tréma sur l'*e* final.

Comme « *aigu, aiguë; coutigu, contiguë.* »

Formation du pluriel dans les adjectifs.

PREMIÈREMENT.

Le pluriel dans les adjectifs se forme, comme dans 90
les noms, en ajoutant *s* à la fin.

Ainsi l'adjectif *bon, bonne*, fait au pluriel *bons, bonnes*, etc.

Les adjectifs terminés par *s* ou par *x* ne changent 91
point leur terminaison au pluriel masculin.

Comme « *mauvais, précis, bourgeois, heureux, jaloux.* »

1ʳᵉ EXCEPTION. *Adjectifs. en* au.

Les adjectifs terminés par *au* prennent *x* au pluriel. 92

Comme « *beau, beaux; nouveau, nouveaux.* »

2ᵉ EXCEPTION. *Adjectifs en* al.

Les adjectifs terminés par *al* font leur pluriel en
aux. 93

Comme « *principal, principaux; égal, égaux; moral, mo-*
» *raux.* »

Cependant quelques-uns prennent une *s*, comme *fatal, final,* 94
» *glacial, théâtral;* » et d'autres n'ont pas de pluriel masculin,
comme « *filial, frugal, médicinal, naval, vénal, vocal.* » 95

Remarque sur les adjectifs en ant *et* ent.

Les adjectifs terminés par *ant* et par *ent*, suivent
la même règle que les noms ayant ces terminai- 96
sons.

Ainsi l'on écrit indistinctement au pluriel *charmants* ou *char-*
mans, prudents ou *prudens*. Cependant il vaut mieux les écrire
d'une seule manière avec le *t*.

Différentes sortes d'adjectifs.

Il y a deux sortes d'adjectifs, les adjectifs *qualifica-* 97
tifs et les adjectifs *déterminatifs.*

Adjectifs qualificatifs.

98 Les adjectifs *qualificatifs* sont ceux dont la signification peut être modifiée par les adverbes *plus*, *moins*, *très*, *fort*, etc.; leur usage est d'exprimer la qualité ou la manière d'être des substantifs auxquels ils sont joints.

Remarque sur le ; placé devant un comparatif.

99
à
108
Le, placé devant un comparatif de supériorité ou d'infériorité, ne varie pas, quand il exprime un superlatif absolu. Il prend au contraire le genre et le nombre du comparatif auquel il est joint, quand il exprime un superlatif relatif.

EXEMPLES.

« C'est quand elle a obligé ses amies, que cette dame est *le* plus
» gaie (et non *la* plus gaie) (107). — La femme *la* plus gaie (et
» non *le* plus gaie) a des moments de tristesse (108). — Les
» hommes *les* plus courageux (et non *le* plus courageux) ont des
» moments de faiblesse (108). »

DÉVELOPPEMENTS.

Dans le premier exemple, *le* est invariable, parce que le superlatif est absolu, c'est-à-dire, qu'il n'y a pas de comparaison. Dans les deux autres exemples, l'article s'accorde, parce que le superlatif est relatif, c'est-à-dire, qu'il y a comparaison.

Adjectifs déterminatifs.

109
On appelle adjectifs *déterminatifs* ceux qui déterminent le sens du substantif, en y ajoutant une idée d'ordre, de nombre, etc.

EXEMPLES ET DÉVELOPPEMENTS.

Ainsi, quand je dis : *le troisième* banc de l'école, — *mon* jardin,
» — *cette* grammaire ; » *troisième* détermine la place qu'occupe dans l'école le banc dont je parle ; *mon* indique que le jardin dont il s'agit, est celui que je possède ; *cette* indique que la grammaire dont il est question, est celle que je désigne.

Différentes sortes d'adjectifs déterminatifs.

110
Il y a quatre sortes d'adjectifs déterminatifs, savoir: les adjectifs *numéraux*, les adjectifs *démonstratifs*, les adjectifs *possessifs* et les adjectifs *indéfinis*.

On distingue un adjectif déterminatif d'un pronom en ce que l'adjectif est toujours joint à un nom. Comme *mon livre*, *mon chapeau*, *ma plume*, et que le pronom tient la place de ce nom et de l'adjectif déterminatif, comme *le mien*, *le tien*.

Adjectifs numéraux.

111
Les adjectifs *numéraux* se joignent au substantif,

pour en déterminer le nombre ou l'ordre. Il y en a par conséquent de deux sortes, savoir : les adjectifs numéraux-*cardinaux*, et les adjectifs numéraux-*ordinaux*.

Adjectifs numéraux-cardinaux.

Les adjectifs numéraux-*cardinaux* servent à exprimer le nombre. Sauf de rares exceptions, dont nous parlerons plus tard, ils sont invariables, c'est-à-dire, qu'ils conservent toujours la même terminaison. **112**

Tels sont les adjectifs « *un, une, deux, trois, quatre, dix,* » *vingt, cent, mille,* etc. »

Adjectif numéraux-ordinaux.

Les adjectifs numéraux-*ordinaux* marquent l'ordre, le rang; ils sont variables. **113**

Tels sont les adjectifs « *premier, second, troisième, ving-* » *tième,* etc. »

Adjectifs démonstratifs.

Les adjectifs *démonstratifs* servent à désigner l'objet dont on parle. Ces adjectifs sont : **114**

« Ce, cet, cette, ces. »

Remarque sur ce.

On met *ce* devant les noms qui commencent par une consonne ou une *h* aspirée; on met *cet* devant une voyelle ou une *h* muette. **115** **116**

« Ce cheval, ce hameau, *cet* oiseau, *cet* honneur. »

Adjectifs possessifs.

Les adjectifs *possessifs* servent à marquer la possession d'une chose. Ces adjectifs sont : **117**

PLURIEL.		SINGULIER.
Masculin.	*Féminin.*	*Des deux genres.*
Mon.	Ma.	Mes.
Ton.	Ta.	Tes,
Son.	Sa.	Ses.
Notre,		Nos.
Votre,	*des deux genres.*	Vos.
Leur,		Leurs.

Remarque sur mon, ton, son.

Mon, ton, son, s'emploient au féminin devant une voyelle ou une *h* muette. **118**

Ainsi on dit : « *mon âme*, pour *ma âme; ton humeur*, pour
» *ta humeur; son épée*, pour *sa épée*. »

Adjectifs indéfinis.

119 Les adjectifs *indéfinis* ajoutent au nom une idée de
généralité. Ces adjectifs sont :

« Chaque, même, nul, aucun, plusieurs, tout, quelque, tel,
« quel, quelconque. »

Accord de l'adjectif avec le substantif.

120 Tout adjectif doit prendre le genre et le nombre du
substantif auquel il se rapporte.

EXEMPLES.

« Un homme *bienfaisant*. — une femme *vertueuse*. — De
beaux jardins.— Des fleurs *charmantes*. »

DÉVELOPPEMENTS.

Dans ces exemples, *bienfaisant* est au masculin et au singulier, parce qu'il se rapporte à *homme*, qui est du masculin et au
singulier ; *vertueuse* est au féminin et au singulier, parce qu'il se
rapporte à *femme*, qui est du féminin et au singulier ; *beaux* est
au masculin et au pluriel, parce qu'il se rapporte à *jardins*, qui
est du masculin et au pluriel ; *charmantes* est au féminin et au
pluriel, parce qu'il se rapporte à *fleurs*, qui est du féminin et au
pluriel.

Accord de l'adjectif avec deux noms singuliers.

121 Quand un adjectif se rapporte à deux noms singuliers, on met cet adjectif au pluriel ; et si les deux
122 noms sont de genres différents, on met l'adjectif au
masculin.

EXEMPLES.

« Le roi et le berger sont *égaux* après la mort (et non pas *égal*)
(121). — Mon père et ma mère sont *contents* (et non pas *con-
tentes* (122). »

Remarque.

Quand l'adjectif n'a pas la même terminaison pour
123 les deux genres, et qu'il se rapporte à deux noms de
choses dont le genre est différent, on doit énoncer le
nom masculin le dernier.

Ainsi l'on devra dire : « Cet enfant a la tête et *le cou* décou-
» verts (et non *le cou* et la tête *découverts*). »

Autre remarque.

Quand les substantifs ne sont pas liés par aucune
124 conjonction (39), ce qui arrive lorsqu'ils ont une signification à peu près semblable, l'adjectif ne doit

s'accorder qu'avec le dernier de ces substantifs.

Ainsi l'on devra dire : « cet homme a un désintéressement, » une probité peu *commune* (et non *communs*). »

Place de l'adjectif.

L'adjectif se met tantôt avant le nom, tantôt après; 125 l'usage est le seul guide à cet égard.

Ainsi l'adjectif est avant le nom dans ces mots : « *beau* jardin, » *grande* forêt; » il est placé après dans ces autres mots : « mai- » son *agréable*, fleuve *majestueux*. »

Complément de l'adjectif.

On appelle *complément* de l'adjectif tout mot qui en 126 complète le sens. Le complément de l'adjectif est tou- jours précédé d'une préposition (38). Cette préposition est ordinairement *de* ou *à*.

En faisant après l'adjectif la question *de qui* ou *de* 127 *quoi? à qui* ou *à quoi?* la réponse indique quel est le complément.

EXEMPLES AVEC DÉVELOPPEMENTS.

« Digne *de récompense*. — Semblable *à son père*. » Dans ces exemples, *récompense* est le complément de l'adjectif *digne; père* est le complément de l'adjectif *semblable* (126). En effet, si l'on fait la question : *digne de quoi?* la réponse sera : *de récompense*. De même, si l'on fait la question : *semblable à qui?* la réponse sera : *à son père* (127).

Remarque.

Un substantif peut être employé à la fois comme complément de deux adjectifs, quand ces adjectifs ne 128 veulent pas un complément différent. Cette règle est applicable à toutes les espèces de mots susceptibles 129 d'avoir un complément.

EXEMPLES ET DÉVELOPPEMENTS.

Ainsi, l'on dira bien : « cet enfant est *utile* et *cher à sa fa- » mille;* » parce que les adjectifs *utile* et *cher* veulent être suivis l'un et l'autre de la préposition *à*. Mais on ne doit pas dire : « cet » enfant est *digne* et *sensible aux éloges;* » parce que l'adjectif *digne* veut être suivi de la préposition *de*, et que l'adjectif *sen-*

sible veut la préposition *à*. On donne alors à chaque adjectif le complément qui lui convient, et l'on dit : « cet enfant est *digne d'éloges*, et il *y* (128-129) est *sensible*. »

CHAPITRE VI.

DU PRONOM.

Voyez la définition (32).

Différentes sortes de pronoms.

Il y a cinq sortes de pronoms : les pronoms *personnels*, les pronoms *démonstratifs*, les pronoms *possessifs*, les pronoms *relatifs* et les pronoms *indéfinis*.

Pronoms personnels.

Les pronoms *personnels* servent à désigner le rôle que jouent dans le discours les personnes ou les choses 130 qu'ils représentent. Or, on distingue dans le discours trois sortes de personnes, savoir : la *première personne*, c'est-à-dire, celle qui parle ; la *seconde personne*, c'est-à-dire, celle à qui l'on parle ; la *troisième personne*, c'est-à-dire, celle de qui l'on parle.

Liste des pronoms personnels.

Ces pronoms sont :

Première personne.

SINGULIER.	PLURIEL.
Je, me, moi, *des deux genres.*	Nous, *des deux genres.*

Deuxième personne.

Tu, te, toi, *des deux genres.*	Vous, *des deux genres.*

Troisième personne.

SINGULIER, *Masculin.*	PLURIEL, *Masculin.*
Il, lui, le.	ils, eux, les.
Féminin.	*Féminin.*
Elle, la.	Elles, les.

SINGULIER *des deux genres*, des: *pour*, à lui, à elle.

PLURIEL *des deux genres*, leur : *pour*, à eux, à elles.

Des deux nombres : se *soi*, se, *pour*, à soi, en, *pour*, de cela, d'eux.

Contraction de certains pronoms personnels.

DEUXIÈMEMENT.

Devant un verbe, on dit me, te, se, les, pour *moi, toi, soi, eux, elles;* et l'on dit me, te, se, nous, vous, lui, leur, pour *à moi, à toi, à soi, à nous, à vous, à lui,* **131** *à elle, à eux, à elles.* On dit aussi y pour *à cette chose, à ces choses;* en pour *de lui, d'elle, d'eux, d'elles, de cette chose, de ces choses.* **132**

EXEMPLES.

« Il me regarde, il te regarde, » c'est-à-dire, « il regarde *moi,* » « il regarde *toi.* » — « Il me plaît, il te plaît, il lui plaît, » c'est-à-dire, « il plaît *à moi, à toi, à lui.* » — « Il s'en plaint, » c'est-à-dire, « il plaint soi *de lui, d'elle, d'eux, d'elles,* de cette » chose. » Il m'y engage, » c'est-à-dire, « il engage *moi à cette* « chose. »

DEUXIÈMEMENT.

Après un verbe, on dit *moi, toi, nous, vous, lui,* **133** *leur,* pour *à moi, à toi, à nous, à vous, à lui, à elle, à eux, à elles.*

EXEMPLES.

« Procure-*moi,* procure-*toi,* procure-*lui* ce délassement, » c'est-à-dire, « procure *à moi, à toi, à lui,* etc. »

Suppression de la voyelle finale.

On remplace la voyelle finale par une apostrophe, **134** dans les pronoms personnels je, me, te, se, le, la, quand ils sont suivis d'un verbe commençant par une voyelle ou une *h* muette.

Ainsi l'on dit : *j'aime, je t'aime, je l'aime, il s'aime,* » Pour je aime, je te aime, je le ou je la aime, il se aime.

Remarque sur les pronoms le, la, les, leur.

PREMIÈREMENT.

Il ne faut pas confondre le, la, les pronoms, avec le, la les articles. L'article est toujours placé devant **135** un nom ou un adjectif; le pronom est toujours joint à un verbe.

Comme « je le regarde, je la révère, estimons-les. »

DEUXIÈMEMENT.

136 Il ne faut pas confondre *leur*, pronom personnel, avec *leur*, adjectif possessif. *Leur*, adjectif, est toujours placé devant un nom ou un adjectif, et prend une *s* au pluriel; *leur*, pronom, est toujours joint à un verbe, et ne varie jamais.

EXEMPLE AVEC DÉVELOPPEMENTS.

Ces enfants aiment *leurs* parents, ils font tout ce qui peut *leur* être agréable; *leurs* signifie *d'eux*, est adjectif possessif et s'accorde avec le nom qui suit; *leur* signifie *à eux* étant devant un verbe, est pronom, et ne varie pas.

Pronoms démonstratifs.

137 Les pronoms *démonstratifs* sont ceux qui servent à désigner les objets dont ils représentent le nom.

Ces pronoms sont :

SINGULIER.		PLURIEL.	
Masculin.	*Féminin.*	*Masculin.*	*Féminin.*
Celui.	Celle.	Ceux.	Celles.
Celui-ci.	Celle-ci.	Ceux-ci.	Celles-ci.
Celui-là.	Celle-là.	Ceux-là.	Celles-là.

Ce, ceci, cela, *des deux genres et des deux nombres.*

Remarque sur le pronom ce.

138 *Ce*, pronom, est toujours joint à un verbe ou à un pronom relatif, et ne doit pas être confondu avec *ce*, adjectif, qui est toujours placé devant un nom.

Il ne faut pas confondre non plus *ce*, pronom démonstratif, avec *se*, pronom personnel.

Ainsi dans cette phrase, *ce* que je vous ai dit est pour votre bien : *ce* est mis pour *cette chose* par conséquent est pronom.
Ce jeune enfant est bien élevé; *ce* étant joint à un nom, est adjectif. *Ce* jeune homme *se* trompe; *se* signifie *soi*, c'est un pronom personnel; *ce* est un adjectif démonstratif, étant joint à un nom.

Pronoms possessifs.

139 Les pronoms *possessifs* marquent la possession d'un objet dont le nom a déjà été exprimé.

Ces pronoms sont :

SINGULIER.		PLURIEL.	
Masculin.	*Féminin.*	*Masculin.*	*Féminin.*
Le mien.	La mienne.	Los miens.	Les miennes.
Le tien.	La tienne.	Les tiens.	Les tiennes.
Le sien.	La sienne.	Les siens.	Les siennes.
Le nôtre.	La nôtre.	Les nôtres,	
Le vôtre.	La vôtre.	Les vôtres, } *des deux genres.*	
Le leur.	La leur.	Les leurs,	

Pronoms relatifs.

Les pronoms *relatifs* sont ainsi nommés, à cause du rapport intime (de la *relation*) qu'ils ont avec le nom ou le pronom qui les précède. 440

Ces pronoms sont :

SINGULIER.		PLURIEL.	
Masculin.	*Féminin.*	*Masculin.*	*Féminin.*
Lequel.	Laquelle,	Lesquels.	Lesquelles.
Duquel.	De laquelle.	Desquels.	Desquelles.
Auquel.	A laquelle.	Auxquels.	Auxquelles.

Qui, que, quoi, dont, *des deux genres et des deux nombres.*

Antécédent du pronom relatif.

Le mot qui précède le pronom relatif et auquel il se rapporte, se nomme l'*antécédent* de ce pronom relatif. 441

Ainsi, dans ces exemples : « Dieu, *qui* a créé le monde ; — le » livre *que* je lis ; — *Dieu* est l'antécédent de *qui*, *livre* est l'antécédent de *que*.

Remarque sur que, *pronom relatif.*

On distingue *que*, pronom relatif, de la conjonction *que*, en ce qu'il peut être remplacé par *lequel, laquelle, lesquels.* 421

EXEMPLES AVEC DÉVELOPPEMENTS.

« La leçon *que* j'étudie. — Je crois *que* vous mentez. »
Dans le premier exemple, le mot *que* est pronom relatif, parce qu'on peut dire : « la leçon *laquelle* j'étudie. » Dans le second exemple, *que* est conjonction, parce qu'on ne peut pas dire : « je » crois *lequel* vous mentez. »

Pronoms indéfinis.

143   On nomme pronoms *indéfinis* ceux qui représentent d'une manière vague les personnes et les choses.

Ces pronoms sont :

Autrui, chacun, l'un, l'autre, quelqu'un, on, quiconque, personne. Étant joints à un nom, ils deviennent adjectifs indéfinis ; chaque personne, telle chose, quelques fruits.

Remarque sur les pronoms qui, que, quoi.

144   Les pronoms *qui, que, quoi,* sont considérés comme pronoms indéfinis, quand ils expriment une interrogation.

EXEMPLES.

Qui va là ? — *Que* faites-vous ? — *A quoi* songez-vous ?

Remarque sur que, pronom indéfini.

145   On distingue *que*, pronom indéfini, de la conjonction *que*, en ce qu'il peut être remplacé par *quelle chose.*

EXEMPLES.

« *Que* faites-vous ? — *Que* dites-vous ? » c'est-à-dire, « *quelle* » *chose* faites-vous ? *quelle chose* dites-vous ? »

Accord du Pronom.

146   Le pronom est toujours du même genre et du même nombre que le nom dont il tient la place.

EXEMPLES AVEC DÉVELOPPEMENTS.

Ainsi, dans ces exemples : « cette grammaire est la *mienne*. » — « Une dame disait un jour : *Je* voudrais être belle ; *mienne* est au féminin, parce qu'il tient la place de *grammaire*; *je* est au féminin, parce qu'il tient la place de *dame*.

Accord du pronom relatif.

147   Le pronom relatif est toujours du même genre, du même nombre et de la même personne que son antécédent.

EXEMPLES AVEC DÉVELOPPEMENTS.

« Toi *qui* aimes l'étude. — Les sciences *auxquelles* je m'a-donne. »

Dans le premier exemple, *qui* est de la seconde personne, au masculin et au singulier, parce qu'il a pour antécédent *toi*, qui est de la seconde personne, au masculin et au singulier. Dans le second exemple, *auxquelles* est de la troisième personne, au féminin et au pluriel, parce que son antécédent *sciences* est de la troisième personne, au féminin et au pluriel.

CHAPITRE VII.

DU VERBE.

Voyez la définition (33).

Il n'y a, à proprement parler, que le verbe *être*. C'est pourquoi on l'a nommé verbe *substantif*, c'est-à-dire, *subsistant* par lui-même. Les autres verbes ne sont tels, que parce qu'ils renferment en eux-mêmes le verbe *être*.

148

149

EXEMPLES.

Ainsi, quand on dit : « cet homme *chante*, il *travaille*; » c'est comme si l'on disait : « cet homme *est* chantant, il *est* travail- » lant. »

Sujet du verbe.

Nous avons dit que le verbe est un mot qui sert à affirmer que l'objet dont on parle, existe, ou qu'il est de telle manière, ou qu'il fait telle chose. Or, la personne ou la chose qui existe, qui est de telle manière, ou qui fait l'action exprimée par le verbe, se nomme le *sujet* du verbe.

150

151

On trouve le sujet du verbe, en faisant la question *qui est-ce qui?* si ce sujet est un être animé, et *qu'est-ce qui?* si ce sujet est un être inanimé.

152

EXEMPLES AVEC DÉVELOPPPEMENTS.

Ainsi, dans cet exemple : « *Dieu* est tout-puissant; » le mot *Dieu* est le sujet du verbe, puisqu'il est l'objet de l'affirmation marquée par ce verbe (151). On reconnaît qu'il est le sujet, parce qu'en faisant cette question : *Qui est-ce qui est tout-puissant?* la réponse est : *Dieu* (152).

Attributs.

PREMIÈREMENT.

L'attribut est ce qui exprime la manière d'être du sujet.

153

Ainsi, dans cette phrase : « Dieu est *bon*, » l'adjectif *bon* est l'attribut.

DEUXIÈMEMENT.

154 Tous les verbes, excepté le verbe *être*, renferment en eux-mêmes l'attribut. C'est pourquoi ces verbes ont été nommés verbes *attributifs*.

En effet, quand on dit : « cette femme *écrit*, » c'est comme si l'on disait : « cette femme est *écrivant*. »

Compléments du verbe.

155 On appelle *complément* du verbe, tout mot qui complète l'idée commencée par ce verbe (*).

156 Le complément est le mot sur lequel tombe directement l'action exprimée par le verbe.

Certains verbes ont deux sortes de compléments, le complément *direct* et le complément *indirect*.

157 <center>*Complément direct.*</center>

Le complément est *direct*, quand il complète l'idée commencée par le verbe, sans le secours d'aucune préposition. Il répond à la question *qui* ou *quoi?* faite après le verbe.

EXEMPLES ET DÉVELOPPEMENTS.

Ainsi, dans ces exemples : « j'aime *mon père* ; — j'honore *la* » *vertu* ; » j'aime *qui? mon père*, j'honore *quoi? la vertu ;* donc *mon père* est le complément direct du verbe *j'aime; la vertu* est le complément indirect du verbe *j'honore.*

Complément indirect.

158 Le complément *indirect* est celui qui ne complète l'idée commencée par le verbe, qu'à l'aide d'une préposition (38). Il répond aux questions *de qui? de quoi? à qui? à quoi? pour qui? pour quoi? avec qui? avec quoi,* etc.?

EXEMPLES AVEC DÉVELOPPEMENTS.

Ainsi , dans ces exemples : « on se plaint *de Pierre* ; — je m'adonne *à l'étude* ; — il marche *avec un bâton* ; » on se plaint de qui? *de Pierre* ; je m'adonne à quoi? *à l'étude* ; il marche avec quoi? *avec un bâton.* Les mots *de Pierre , à l'étude , avec un bâton,* sont donc les compléments indirects des verbes *on se plaint, je m'adonne* et *il marche.*

_____

(*) Le verbe *être* n'a jamais de complément. Lorsqu'il est suivi d'un
156 complément, ce complément appartient à un mot sous-entendu.

Ainsi quand on dit : » *cet homme est de Paris,* on sous-entend *natif* ou *habitant.* C'est comme si l'on disait : « *cet homme est natif* » *de Paris ,* ou *est habitant de Paris.* »

Modifications du verbe.

Le verbe se modifie de quatre manières différentes. Ces modifications servent à indiquer à quelle personne, à quel nombre, à quel temps et à quel mode est le verbe.

Personnes.

Le verbe a trois *personnes,* qui sont marquées par différentes terminaisons. 160

Ainsi, dans *je reçois,* la terminaison *s* marque la première personne; dans *il reçoit,* la terminaison *t* marque la troisième personne.

Remarque.

Les pronoms *je, nous,* placés devant un verbe, annoncent la première personne; *tu, vous,* annoncent la seconde personne; *il, elle, ils, elles,* et tout substantif annoncent la troisième personne. 161

Nombres.

Il y a dans les verbes deux nombres, le singulier et le pluriel. Ces nombres sont marqués par différentes terminaisons. 162

Ainsi, dans *j'aime, tu aimes, il aime,* les terminaisons *e, es,* indiquent le singulier; dans *nous aimons, vous aimez, ils aiment,* les terminaisons *ons, ez, nt,* indiquent le pluriel.

Temps.

Il y a trois *temps généraux* dans les verbes, le *présent,* qui marque que l'action du verbe se fait présentement, comme *je lis;* le *passé,* qui marque que l'action a eu lieu dans un temps qui est passé, comme *j'ai lu,* le *futur,* qui marque que l'action se fera dans un temps à venir, comme *je lirai.* 163

Temps simples et temps composés.

Les temps simples sont ceux qui sont formés d'un seul mot. 164

Comme « j'étudie, je lisais. »

Les temps composés sont ceux qui sont formés de plusieurs mots. 165

Comme « j'ai étudié, j'étais parti. »

2.

Modes.

166 Il y a dans les verbes cinq *modes*, qui servent à marquer de quelle manière est présentée l'action du verbe. Ces modes sont l'*indicatif*, le **conditionnel**, l'*impératif*, le *subjonctif* et l'*infinitif*.

Indicatif.

167 L'*indicatif* sert à affirmer que l'action se fait, ou qu'elle a été faite, ou qu'elle se fera.

Comme « je *chante*, j'*ai chanté*, je *chanterai*. »

Conditionnel.

168 Le *conditionnel* exprime que cette action se ferait ou se serait faite, moyennant une condition.

Comme « vous *étudieriez*, si vous étiez moins paresseux. »

Impératif.

169 Par l'*impératif*, on commande que cette action se fasse, ou l'on exhorte à la faire.

Comme « *soyez* obéissant. »

Subjonctif.

170 Le *subjonctif* s'emploie après un verbe qui exprime le souhait, la crainte ou le doute que cette action se fasse.

Comme « je désire que vous m'*obéissiez*. »

Infinitif.

171 L'*infinitif* exprime l'action en général, sans nombre ni personne.

Comme « *étudier*, *obéir*, *chanter*. »

Remarque.

172 Dans les variations auxquelles les verbes sont soumis, 1° on met un *e* muet après le *g* et une cédille sous le *c*, chaque fois que ces lettres doivent être suivies **173** d'une des voyelles *a*, *o*, *u*; 2° on remplace l'*y* par un *i* devant un *e* muet.

EXEMPLES.

« Changer, *changeant*, *changeons*; — commencer, *commen-*
» *çant*, *commençons*; — recevoir, je *reçus*, que je *reçusse* (172).
» — Employer, j'*emploie*, j'*emploierai*; — voyant, que je *voie*
» (173). »

Ce que c'est que conjuguer.

174 *Conjuguer*, c'est réciter de suite les différents modes d'un verbe avec tous leurs temps, leurs nombres et leurs personnes.

Différentes sortes de conjugaisons.

Il y a en français quatre conjugaisons différentes, 175 que l'on distingue par la terminaison de l'infinitif.

La première conjugaison a l'infinitif terminé en *er*. 176
Comme *aimer*.

La seconde à l'infinitif terminé en *ir*. 177
Comme *finir*.

La troisième a l'infinitif terminé en *oir*. 178
Comme *prévoir*.

La quatrième a l'infinitif terminé en *re*. 179
Comme *rendre*.

Verbes auxiliaires.

Il y a deux verbes *auxiliaires*, savoir : le verbe *avoir* et le verbe *être*. Ces verbes se nomment *auxiliaires*, 180 parce qu'ils servent à former les temps composés des autres verbes.

Verbe auxiliaire avoir.

INDICATIF.

PRÉSENT.

Sing. J'ai.
Tu as.
Il *ou* elle a.
Plur. Nous avons.
Vous avez.
Ils *ou* elles ont.

IMPARFAIT.

J'avais.
Tu avais.
Il *ou* elle avait.
Nous avions.
Vous aviez.
Ils *ou* elles avaient.

PASSÉ DÉFINI.

J'eus.
Tu eus.
Il *ou* elle eut.
Nous eûmes.
Vous eûtes.
Ils *ou* elles eurent.

PASSÉ INDÉFINI.

J'ai eu.
Tu as eu. 181
Il *ou* elle a eu.
Nous avons eu.
Vous avez eu.
Ils *ou* elles ont eu.

PASSÉ ANTÉRIEUR.

J'eus eu.
Tu eus eu.
Il *ou* elle eut eu.
Nous eûmes eu.
Vous eûtes eu.
Ils *ou* elles eurent eu.

PLUS-QUE-PARFAIT.

J'avais eu.
Tu avais eu.
Il *ou* elle avait eu.
Nous avions eu.
Vous aviez eu.
Ils *ou* elles avaient eu.

FUTUR.

J'aurai.
Tu auras.
Il *ou* elle aura.
Nous aurons.
Vous aurez.
Ils *ou* elles auront.

FUTUR ANTÉRIEUR.

J'aurai eu.
Tu auras eu.
Il *ou* elle aura eu.
Nous aurons eu.
Vous aurez eu.
Ils *ou* elles auront eu.

CONDITIONNEL.

PRÉSENT.

J'aurais.
Tu aurais.
Il *ou* elle aurait.
Nous aurions.
Vous auriez.
Ils *ou* elles auraient.

PASSÉ.

J'aurais eu.
Tu aurais eu.
Il *ou* elle aurait eu.
Vous aurions eu.
Vous auriez eu.
Ils *ou* elles auraient eu.

On dit aussi : *j'eusse eu,*
tu eusses eu, il ou elle eût
eu, nous eussions eu, vous
eussiez eu, ils ou elles eus-
sent eu.

IMPÉRATIF.

Point de 1re pers. du sing. ni
de 3e pour les deux nombres.
Aie.
Ayons.
Ayez.

SUBJONCTIF.

PRÉSENT OU FUTUR.

Que j'aie.
Que tu aies.
Qu'il *ou* qu'elle ait.
Que nous ayons.
Que vous ayez.
Qu'ils *ou* qu'elles aient.

IMPARFAIT.

Que j'eusse.
Que tu eusses.
Qu'il *ou* qu'elle eût.
Que nous eussions.
Que vous eussiez.
Qu'ils *ou* qu'elles eussent.

PASSÉ.

Que j'aie eu.
Que tu aies eu.
Qu'il *ou* qu'elle ait eu.
Que nous ayons eu.
Que vous ayez eu.
Qu'ils *ou* qu'elles aient eu.

PLUS-QUE-PARFAIT.

Que j'eusse eu.
Que tu eusses eu.
Qu'il *ou* qu'elle eût eu.
Que nous eussions eu.
Que vous eussiez eu.
Qu'ils *ou* qu'elles eussent eu.

INFINITIF.

PRÉSENT.

Avoir.

PASSÉ.

Avoir eu.

PARTICIPE.

PRÉSENT.

Ayant.

PASSÉ.

Eu, ayant eu.

Verbe auxiliaire être.

INDICATIF.

PRÉSENT.

182 Je suis.
Tu es.

Il *ou* elle est.
Nous sommes.
Vous êtes.
Ils *ou* elles sont.

IMPARFAIT.

J'étais.
Tu étais.
Il *ou* elle était.
Nous étions.
Vous étiez.
Ils *ou* elles étaient.

PASSÉ DÉFINI.

Je fus.
Tu fus.
Il *ou* elle fut.
Nous fûmes.
Vous fûtes.
Ils *ou* elles furent.

PASSÉ INDÉFINI.

J'ai été.
Tu as été.
Il *ou* elle a été.
Nous avons été.
Vous avez été.
Ils *ou* elles ont été.

PASSÉ ANTÉRIEUR.

J'eus été.
Tu eus été.
Il *ou* elle eut été.
Nous eûmes été.
Vous eûtes été.
Ils *ou* elles eurent été.

PLUS-QUE-PARFAIT.

J'avais été.
Tu avais été.
Il *ou* elle avait été.
Nous avions été.
Vous aviez été.
Ils *ou* elles avaient été.

FUTUR.

Je serai.
Tu seras.
Il *ou* elle sera.
Nous serons.
Vous serez.
Ils *ou* elles seront.

FUTUR ANTÉRIEUR.

J'aurai été.
Tu auras été.
Il *ou* elle aura été.
Nous aurons été.
Vous aurez été.
Ils *ou* elles auront été.

CONDITIONNEL.

PRÉSENT.

Je serais.
Tu serais.
Il *ou* elle serait.
Nous serions.
Vous seriez.
Ils *ou* elles seraient.

PASSÉ.

J'aurais été.
Tu aurais été.
Il *ou* elle aurait été.
Nous aurions été.
Vous auriez été.
Ils *ou* elles auraient été.

On dit aussi : *j'eusse été, tu eusses été, il ou elle eût été, nous eussions été, vous eussiez été, ils ou elles eussent été.*

IMPÉRATIF.

Point de 1re pers. du sing. ni de 3e pour les deux nombres.

Sois.
Soyons.
Soyez.

SUBJONCTIF.

PRÉSENT OU FUTUR.

Que je sois.
Que tu sois.
Qu'il *ou* qu'elle soit.
Que nous soyons.
Que vous soyez.
Qu'ils *ou* qu'elles soient.

IMPARFAIT.

Que je fusse.
Que tu fusses.
Qu'il *ou* qu'elle fût.
Que nous fussions.
Que vous fussiez.
Qu'ils *ou* qu'elles fussent.

PASSÉ.

Que j'aie été.
Que tu aies été.
Qu'il *ou* qu'elle ait été.
Que nous ayons été.
Que vous ayez été.
Qu'ils *ou* qu'elles aient été.

PLUS-QUE-PARFAIT.	PASSÉ.
Que j'eusse été.	Avoir été.
Que tu eusses été.	
Qu'il *ou* qu'elle eût été.	PARTICIPE
Que nous eussions été.	PRÉSENT.
Que vous eussiez été.	
Qu'ils *ou* qu'elles eussent été.	Étant.
INFINITIF.	
PRÉSENT.	PASSÉ.
Être.	Été, ayant été.

Différentes sortes de verbes.

183 Outre les verbes auxiliaires, il y a cinq sortes de verbes, savoir : le verbe *actif*, le verbe *passif*, le verbe *neutre*, le verbe *pronominal* et le verbe *unipersonnel*.

Verbe actif.

184 Le verbe *actif* est celui qui exprime une action faite par le sujet, et après lequel on peut mettre un complément direct (158). Il se conjugue sur l'une ou l'autre des quatre conjugaisons que nous donnons ci-après pour modèles.

185 On reconnaît qu'un verbe est *actif*, quand on peut mettre après lui *quelqu'un* ou *quelque chose*.

EXEMPLES AVEC DÉVELOPPEMENT.

Ainsi, dans ces phrases : « *j'aime Dieu*, — *je remplis mes de-* » *voirs;* » on reconnaît que *aime* et *remplis* sont des verbes actifs, parce qu'ils expriment une action faite par le sujet (184), et que l'on peut dire : « j'aime *quelqu'un*, je remplis *quelque chose* (185).

Verbe passif.

186 Le verbe *passif* est celui qui exprime une action reçue par le sujet, et faite par le complément indirect. Il se forme du verbe actif, dont on prend le complément direct pour en faire le sujet du verbe passif.

187 On reconnaît le verbe passif, en ce qu'il est toujours composé du participe passé d'un verbe actif et de l'un des temps de l'auxiliaire *être*.

EXEMPLES.

Ainsi, dans ces phrases : « *j'aime* mon père ; — la paresse » *produit* l'ignorance; » si l'on veut employer le passif, il faut dire : « mon père *est aimé* de moi ; — l'ignorance *est produite* » par la paresse. »

Verbe neutre.

On appelle *neutres* les verbes qui ne sont ni actifs ni passifs. Ils diffèrent des verbes actifs, en ce qu'ils ne **188** peuvent avoir de complément direct.

On reconnaît qu'un verbe est neutre, quand il ne peut être suivi des mots *quelqu'un* ou *quelque chose*. **189**

EXEMPLES AVEC DÉVELOPPEMENTS.

Ainsi, les verbes *languir*, *dormir*, sont des verbes neutres. On reconnaît qu'ils sont neutres, parce qu'ils ne peuvent avoir de complément direct (**188**). En effet, on ne peut pas dire : « *lan-* » *guir* quelqu'un, *dormir* quelque chose (**189**). »

Verbe pronominal.

Le verbe *pronominal* est celui qui se conjugue avec **190** deux pronoms de la même personne.

Comme « *je me repens, tu t'abstiens, il se souvient.* »

Beaucoup de verbes peuvent être employés *pronominalement*, comme « *je me flatte, tu te promènes, il s'embellit, vous vous* » *nuisez.* »

Verbe unipersonnel.

Le verbe *unipersonnel* est celui qui ne s'emploie **191** dans tous les temps qu'à la troisième personne du singulier.

On reconnaît qu'un verbe est unipersonnel, quand le pronom *il*, qui le précède, ne peut pas être rem- **192** placé par un substantif.

EXEMPLES AVEC DÉVELOPPEMENTS.

Ainsi, les verbes *il faut, il importe, il pleut*, sont unipersonnels (**191**). On reconnaît qu'ils sont unipersonnels, parce que le pronom *il* ne peut pas être remplacé par un substantif (**192**).

Première conjugaison en er (*).

INDICATIF.		IMPARFAIT.	
PRÉSENT.			
Aujourd'hui		*Hier*	
Je	chant e.	Je	chant ais.
Tu	chant es.	Tu	chant ais.
Il	chant e.	Il	chant ait.
Nous	chant ons.	Nous	chant ions.
Vous	chant ez.	Vous	chant iez.
Ils	chant ent.	Ils	chant aient.

193

(*) Dans les conjugaisons que nous donnons ci-après pour modèles, nous avons séparé le *radical*, c'est-à-dire, la partie du verbe qui reste

PASSÉ DÉFINI.
Hier

Je chant ai.
Tu chant as.
Il chant a.
Nous chant âmes.
Vous chant âtes.
Ils chant èrent.

PASSÉ INDÉFINI.
Hier

J'ai chant é.
Tu as chant é.
Il a chant é.
Nous avons chant é.
Vous avez chant é.
Ils ont chant é.

PASSÉ ANTÉRIEUR.
Dès que

J'eus chant é.
Tu eus chant é.
Il eut chant é.
Nous eûmes chant é.
Vous eûtes chant é.
Ils eurent chant é.

PLUS-QUE-PARFAIT.
A une époque donnée

J'avais chant é.
Tu avais chant é.
Il avait chant é.
Nous avions chant é.
Vous aviez chant é.
Ils avaient chant é.

FUTUR.
Demain

Je chante rai.
Tu chante ras.
Il chante ra.
Nous chante rons.

Vous chante rez.
Ils chante ront.

FUTUR ANTÉRIEUR.
Demain à midi

J'aurai chant é.
Tu auras chant é.
Il aura chant é.
Nous aurons chant é.
Vous aurez chant é.
Ils auront chant é.

CONDITIONNEL.
PRÉSENT.
Si on le voulait

Je chante rais.
Tu chante rais.
Il chante rait.
Nous chante rions.
Vous chante riez.
Ils chante raient.

PASSÉ.
Hier si on avait voulu

J'aurais chant é.
Tu aurais chant é.
Il aurait chant é.
Nous aurions chant é.
Vous auriez chant é.
Ils auraient chant é.

On dit aussi : *j'eusse chant é, tu eusses chant é, il eût chant é, nous eussions chant é, vous eussiez chant é, ils eussent chant é.*

IMPÉRATIF.

Point de 1re pers. du sing. ni de 3e pour les deux nombres.

Chant e.
Chant ons.
Chant ez.

la même pour toutes les personnes d'un même temps, de la *terminaison*, qui varie à chaque personne et à chaque temps.

Or, comme cette terminaison est applicable à tous les verbes appartenant à une même conjugaison, il suffit, pour conjuguer un verbe régulier, de remplacer le radical du verbe que nous donnons pour modèle, par celui du verbe que l'on veut conjuguer. On obtient le radical des temps primitifs, en retranchant la terminaison. Celui des temps dérivés se forme des temps primitifs dont ils dérivent, moins la lettre ou la syllabe qui doit être changée. (Voyez, à la suite des conjugaisons, quels sont les *temps primitifs*, et comment se forment les *temps dérivés*.)

SUBJONCTIF.

PRÉSENT OU FUTUR.

On veut, on désire

Que je chant e.
Que tu chant es.
Qu'il chant e.
Que nous chant fons.
Que vous chant iez.
Qu'ils chant ent.

IMPARFAIT.

On voulait, on désirait

Que je chant a sse.
Que tu chant a sses.
Qu'il chant â t.
Que nous chant a ssions.
Que vous chant a ssiez.
Qu'ils chant a ssent.

PASSÉ.

Il est possible

Que j'aie chant é.
Que tu aies chant é.
Qu'il ait chant é.
Que nous ayons chant é.

Que vous ayez chant é.
Qu'ils aient chant é.

PLUS-QUE-PARFAIT.

Hier on voulait!

Que j'eusse chant é.
Que tu eusses chant é.
Qu'il eût chant é.
Que nous eussions chant é.
Que vous eussiez chant é.
Qu'ils eussent chant é.

INFINITIF.

PRÉSENT.

Chant er.

PASSÉ.

Avoir chant é.

PARTICIPE.

PRÉSENT.

Chant ant.

PASSÉ.

Chant é, chant ée, ayant
Chant é.

Conjuguez de même les verbes *aimer, parler, créer, étudier, ménager, commencer, appeler, acheter,* etc.

Remarque sur les verbes terminés par eler *et* eter.

Dans les verbes terminés par *eler* et *eter,* comme **194**
appeler, chanceler, jeter, cacheter, on double les
consonnes *l* et *t,* lorsqu'elles sont suivies d'un *e* muet.

Comme « *j'appelle,* je *chancellerai,* je *jette,* je *cachetterai.* »

Deuxième conjugaison, en ir.

INDICATIF.

PRÉSENT.

Je guéri s. | Je couvr e (*).
Tu guéri s. | Tu couvr es.
Il guéri t. | Il couvr e.
Nous guériss ons.
Vous guériss ez.
Ils guériss ent.

IMPARFAIT.

Je guériss ais.
Tu guériss ais.

Il guériss ait.
Nous guériss ions.
Vous guériss iez.
Ils guériss aient.

PASSÉ DÉFINI.

Je guéri s.
Tu guéri s.
Il guér it.
Nous guér î mes.
Vous guér î tes.
Ils guéri rent.

195

(*) Tous les verbes en *urir* et en *frir* se terminent ainsi au présent de
l'indicatif, ainsi que *saillir, eueillir* et leurs dérivés.

PASSÉ INDÉFINI.

J'ai guér i.
Tu as guér i.
Il a guér i.
Nous avons guér i.
Vous avez guér i.
Ils ont guér i.

PASSÉ ANTÉRIEUR.

J'eus guér i.
Tu eus guér i.
Il eut gué ri.
Nous eûmes guér i.
Vous eûtes guér i.
Ils eurent guér i.

PLUS-QUE-PARFAIT.

J'avais guér i.
Tu avais guér i.
Il avait guér i.
Nous avions guér i.
Vous aviez guér i.
Ils avaient guér i.

FUTUR.

Je guéri rai.
Tu guéri ras.
Il guéri ra.
Nous guéri rons.
Vous guéri rez.
Ils guéri ront.

FUTUR ANTÉRIEUR.

J'aurai guér i.
Tu auras guér i.
Il aura guér i.
Nous aurons guér i.
Vous aurez guér i.
Ils auront guér i.

CONDITIONNEL.

PRÉSENT.

Je guéri rais.
Tu guéri rais.
Il guéri rait.
Nous guéri rions.
Vous guéri riez.
Ils guéri raient.

PASSÉ.

J'aurais guér i.
Tu aurais guér i.
Il aurait guér i.
Nous aurions guér i.

Vous auriez guér i.
Ils auraient guér i.

On dit aussi : *j'eusse guér i,
tu eusses guér i, il eût
guér i, nous eussions
guér i, vous eussiez
guér i, ils eussent guér i.*

IMPÉRATIF.

*Point de 1re pers. du sing. ni
de 3e pour les deux nomb.*

Guéri s.
Guériss ons.
Guériss ez.

SUBJONCTIF.

PRÉSENT ou FUTUR.

Que je guériss e.
Que tu guériss es.
Qu'il guériss e.
Que nous guériss ions.
Que vous guériss iez.
Qu'ils guériss ent.

IMPARFAIT.

Que je guéri sse.
Que tu guéri sses.
Qu'il guér î t.
Que nous guéri ssions.
Que vous guéri ssiez.
Qu'ils guéri ssent.

PASSÉ.

Que j'aie guér i.
Que tu aies guér i.
Qu'il ait guér i.
Que nous ayons guér i.
Que vous ayez guér i.
Qu'ils aient guér i.

PLUS-QUE-PARFAIT.

Que j'eusse guér i.
Que tu eusses guér i.
Qu'il eût guér i.
Que nous eussions guér i.
Que vous eussiez guér i.
Qu'ils eussent guér i.

INFINITIF.

PRÉSENT.

Guér ir.

PASSÉ.

Avoir guér i.

PARTICIPE.   PASSÉ.

PRÉSENT.   Guér i,   Guér ie.,   ayant

Guériss ant.   guér i.

Conjuguez de même *avertir*, *punir*, *adoucir*, *offrir*, etc.

Remarques sur quelques verbes de la deuxième conjugaison.

Verbe bénir.

Le verbe *bénir* a deux participes passés, savoir : *bénit*, *bénite*, lorsqu'on parle des choses consacrées par les prières du prêtre ; *béni*, *bénie*, dans tous les autres cas.   196

Ainsi, l'on écrira avec un *t*, « du pain *bénit*, de l'eau *bénite* ; » et sans *t*, « soyez *béni* ou *bénie* de Dieu. »

Verbe haïr.

Le verbe *haïr* s'écrit avec deux points sur l'*i* excepté aux trois personnes du singulier du présent de l'indicatif et à la seconde personne de l'impératif : *je hais, tu hais, il hait, hais*.   197

Verbe fleurir.

Le verbe *fleurir*, lorsqu'il est pris au figuré, c'est-à-dire, lorsqu'il ne signifie pas *pousser des fleurs*, fait *florissait* à l'imparfait de l'indicatif, et *florissant* au participe présent.   198

« Cet empire *florissait* ; une santé *florissante*. »

Troisième conjugaison en oir (*).

INDICATIF.

PRÉSENT.

Je prévoi s.	Je veu x (**).	Je reçoi s.	199
Tu prévoi s.	Tu veu x.	Tu reçoi s.	
Il prévoi t.	Il veu t.	Il reçoi t.	
Nous prévoy ons.		Nous recev ons.	
Vous prévoy ez.		Vous recev ez.	
Ils prévoi ent (173).		Ils reçoiv ent.	

(*) Nous donnons, à côté de la conjugaison du verbe *prévoir*, celle du verbe *recevoir*, qui est irrégulière, et qui par conséquent a été offerte à tort comme modèle de la troisième conjugaison, et nous mettons *en italique* les personnes et les temps irréguliers.

IMPARFAIT.

Je	prévoy ais.		Je	recev ais.
Tu	prévoy ais.		Tu	recev ais.
Il	prévoy ait.		Il	recev ait.
Nous	prévoy ions.		Nous	recev ions.
Vous	prévoy iez.		Vous	recev iez.
Ils	prévoy aient.		Ils	recev aient.

PASSÉ DÉFINI.

Je	prév is.		Je	reç us.
Tu	prév is.		Tu	reç us.
Il	prév it.		Il	reç ut.
Nous	prév î mes.		Nous	reç û mes.
Vous	prév î tes.		Vous	reç û tes.
Ils	prévi rent.		Ils	reçurent.

PASSÉ INDÉFINI.

J'ai	prév u.		J'ai	reç u.
Tu as	pré vu,		Tu as	reç u.
Il a	prév u.		Il a	reç u.
Nous avons	prév u.		Nous avons	reç u.
Vous avez	prév u.		Vous avez	reç u.
Ils ont	prév u.		Ils ont	reç u.

PASSÉ ANTÉRIEUR.

J'eus	prév u.		J'eus	reç u.
Tu eus	prév u.		Tu eus	reç u.
Il eut	prév u.		Il eut	reç u.
Nous eûmes	prév u.		Nous eûmes	reç u.
Vous eûtes	prév u.		Vous eûtes	reç u.
Ils eurent	prév u.		Ils eurent	reç u.

PLUS-QUE-PARFAIT.

J'avais	prév u.		J'avais	reç u.
Tu avais	prév u.		Tu avais	reç u.
Il avait	prév u.		Il avait	reç u.
Nous avions	prév u.		Nous avions	reç u.
Vous aviez	prév u.		Vous aviez	reç u.
Ils avaient	prév u.		Ils avaient	reç u.

FUTUR.

Je	prévoi rai.		Je	recev rai.
Tu	prévoi ras.		Tu	recev ras.
Il	prévoi ra.		Il	recev ra.
Nous	prévoi rons.		Nous	recev rons.
Vous	prévoi rez.		Vous	recev rez.
Ils	prévoi ront.		Ils	recev ront.

FUTUR ANTÉRIEUR.

J'aurai	prév u.		J'aurai	reç u.
Tu auras	prév u.		Tu auras	reç u.
Il aura	prév u.		Il aura	reç u.
Nous aurons	prév u.		Nous aurons	reç u.
Vous aurez	prév u.		Vous aurez	reç u.
Ils auront	prév u.		Ils auront	reç u.

CONDITIONNEL.
PRÉSENT.

Je	prévoi rais.		Je	recev rais.
Tu	prévoi rais.		Tu	recev rais.
Il	prévoi rait.		Il	recev rait.
Nous	prévoi rions.		Nous	recev rions.
Vous	prévoi riez.		Vous	recev riez.
Ils	prévoi raient.		Ils	recev raient.

PASSÉ.

J'aurais	prév u.	J'aurais	reç u.
Tu aurais	prév u.	Tu aurais	reç u.
Il aurait	prév u.	Il aurait	reç u.
Nous aurions	prév u.	Nous aurions	reç u.
Vons auriez	prév u.	Vous auriez	reç u.
Ils auraient	prév u.	Ils auraient	reç u.

On dit aussi : *j'eusse pré-*
v u, tu eusses prév u, il eût
prév u, nous eussions pré-
v u, vous eussiez prév u, ils
eussent prév u.

On dit aussi : *j'eusse reç u,*
tu eusses reç u, il eût reç u,
nous eussions reç u, vous
eussiez reç u, ils eussent
reç u.

IMPÉRATIF.

Point de 1re pers. du sing. ni de 3e pers. pour les deux nombres.

Prévoi s.	Reçoi s.
Prévoy ons.	Recev ons.
Prévoy ez.	Recev ez.

SUBJONCTIF.
PRÉSENT OU FUTUR.

Que je	prévoi e.		Que je	reçoiv e.
Que tu	prévoi es.		Que tu	reçoiv es.
Qu'il	prévoi e.		Qu'il	reçoiv e.
Que nous	prévoy ions.		Que nous	recev ions.
Que vous	prévoy iez.		Que vous	recev iez.
Qu'ils	prévoi ent.		Qu'ils	reçoiv ent.

IMPARFAIT.

Que je	prévi sse.		Que je	reçu sse.
Que tu	prévi sses.		Que tu	reçu sses.
Qu'il	prév i t.		Qu'il	reç û t.
Que nous	prévi ssions.		Que nous	reçu ssions.
Que vous	prévi ssiez.		Que vous	reçu ssiez.
Qu'ils	prévi ssent.		Qu'ils	reçu ssent.

PASSÉ.

Que j'aie	prév u.		Que j'aie	reç u.
Qde tu aies	prév u.		Que tu aies	reç u.
Qu'il ait	prév u.		Qu'il ait	reç u.
Que nous ayons	prév u.		Que nous ayons	reç u.
Que vous ayez	prév u.		Que vous ayez	reç u.
Qu'ils aient	prév u.		Qu'ils aient	reç u.

PLUS-QUE-PARFAIT.

Que j'eusse	prév u.		Que j'eusse	reç u.
Que tu eusses	prév u.		Que tu eusses	reç u.
Qu'il eût	prév u.		Qu'il eût	reç u.
Que nous eussions	prév u.		Que nous eussions	reç u.
Que vous eussiez	prév u.		Que vous eussiez	reç u.
Qu'ils eussent	prév u.		Qu'ils eussent	reç u,

INFINITIF.
PRÉSENT.

Prév oir. | Recev oir.

PASSÉ.

Avoir prév u. | Avoir reç u.

PARTICIPE.
PRÉSENT.

Prévoy ant. | Recev ant.

PASSÉ.

Prév u, prév ue, ayant prév u.

Reçu, reç ue, ayant reç u.

Ainsi se conjugue *pourvoir*. Tous les autres verbes de la troisième conjugaison présentent des irrégularités.

Ainsi se conjuguent *devoir*, *concevoir*, *percevoir*, etc.

Quatrième conjugaison, en re.

INDICATIF.
PRÉSENT.

Je	ren ds.	Je	ri s.
Tu	ren ds.	Tu	ri s.
Il	ren d.	Il	ri t.
Nous	rend ons.		
Vous	rend ez.		
Ils	rend ent.		

IMPARFAIT.

Je rend ais.
Tu rend ais.
Il rend ait.
Nous rend ions.
Vous rend iez.
Ils rend aient.

PASSÉ DÉFINI.

Je rend is.
Tu rend is.
Il rend it.
Nous rendîmes.
Vous rendîtes.
Ils rendirent.

PASSÉ INDÉFINI.

J'ai rend u.
Tu as rend u.
Il a rend u.
Nous avons rend u.
Vous avez rend u.
Ils ont rend u.

PASSÉ ANTÉRIEUR.

J'eus rend u.
Tu eus rend u.
Il eut rend u.
Nous eûmes rend u.
Vous eûtes rend u.
Ils eurent rend u.

PLUS-QUE-PARFAIT.

J'avais rend u.
Tu avais rend u.
Il avait rend u.
Nous avions rend u.
Vous aviez rend u.
Ils avaient rend u.

FUTUR.

Je rend rai.
Tu rend ras.
Il rend ra.
Nons rend rons.
Vous rend rez.
Ils rend ront.

FUTUR ANTÉRIEUR,

J'aurai rend u.
Tu auras rend u.
Il aura rend u.
Nous aurons rend u.
Vous aurez rend u.
Ils auront rend u.

CONDITIONNEL.

PRÉSENT.

Je rend rais.
Tu rend rais.
Il rend rait.
Nous rend rions.
Vous rend riez.
Ils rend raient.

PASSÉ.

J'aurais rend u.
Tu aurais rend u.
Il aurait rend u.
Nous aurions rend u.
Vous auriez rend u.
Ils auraient rend u.

On dit aussi : *j'eusse rend u, tu eusses rend u, il eût rend u, nous eussions rend u, vous eussiez rend u, ils eussent rend u.*

IMPÉRATIF.

Point de 1re pers. du sing. ni de 3e pour les deux nombr.
Rend s.
Rend ons.
Rend ez.

SUBJONCTIF.

PRÉSENT OU FUTUR.

Que je rend e.
Que tu rend es.
Qu'il rend e.
Que nous rend ions.
Que vous rend iez.
Qu'ils rend ent.

IMPARFAIT.

Que je rend isse.
Que tu rend isses.
Qu'il rend it.
Que nous rend issions.
Que vous rend issiez.
Qu'ils rend issent.

PASSÉ.

Que j'aie rend u.
Que tu aies rend u.
Qu'il ait rend u.
Que nous ayons rend u.
Que vous ayez rend u.
Qu'ils aient rend u.

PLUS-QUE-PAFAIT.

Que j'eusse rend u.
Que tu eusses rend u.
Qu'il eût rend u.
Que nous eussions rend u.
Que vous eussiez rend u.
Qu'ils eussent rend u.

INFINITIF.

PRÉSENT.

Rend re.

PASSÉ.

Avoir rend u.

PARTICIPE.

PRÉSENT.

Rend ant.

PASSÉ.

Rend u, rend ue, ayant rend u.

Conjuguez de même *attendre, suspendre, vendre, permettre, admettre, craindre, absoudre, résoudre,* etc.

Remarque sur les verbes en indre *et en* oudre.

Dans les verbes terminés en *indre* et par *oudre*, on supprime le *d* à la première et à la seconde personne du singulier du présent de l'indicatif, et on le remplace par un *t* à la troisième personne.

Comme « j'*atteins*, tu *atteins*, il *atteint*; — j'*absous*, tu *ab-*
» *sous*, il *absout*. »

Conjugaison des verbes passifs.

203. Le verbe passif se forme du participe passé du verbe
actif et de l'auxiliaire *être*, conjugué dans tous ses
temps. Il n'y a par conséquent qu'une seule conjugaison pour tous les verbes passifs.

INDICATIF.

PRÉSENT.

Je suis aimé *ou* aimée.
Tu es aimé *ou* aimée.
Il est aimé *ou* elle est aimée.
Nous sommes aimés *ou* ai-
mées.
Vous êtes aimés *ou* aimées.
Ils sont aimés, *ou* elles sont
aimées.

IMPARFAIT.

J'étais aimé *ou* aimée., etc.

PASSÉ DÉFINI.

Je fus aimé *ou* aimée, etc.

PASSÉ INDÉFINI.

J'étais aimé *ou* aimée, etc.

PASSÉ ANTÉRIEUR.

J'eus été aimé *ou* aimée, etc.

PLUS-QUE-PARFAIT

J'avais été aimé *ou* aimée, etc.

FUTUR.

Je serai aimé *ou* aimée, etc.

FUTUR ANTÉRIEUR.

J'aurai été aimé *ou* aimée,
etc.

CONDITIONNEL.

PRÉSENT.

Je serais aimé *ou* aimée, etc.

PASSÉ.

J'aurais été aimé, *ou* j'eusse
été aimé *ou* aimée.

IMPÉRATIF.

Sois aimé *ou* aimée, etc.

SUBJONCTIF.

PRÉSENT.

Que je sois aimé *ou* aimée, etc.

IMPARFAIT.

Que je fusse aimé *ou* aimée,
etc.

PASSÉ.

Que j'aie été aimé *ou* aimée,
etc.

PLUS-QUE-PARFAIT.

Que j'eusse été aimé *ou* aimée, etc.

INFINITIF.

PRÉSENT.

Être aimé *ou* aimée.

PASSÉ.

Ayant été aimé *ou* aimée.

PARTICIPE.

PRÉSENT.

Étant aimé *ou* aimée.

PASSÉ.

Ayant été aimé *ou* aimée.

FUTUR.

Devant être aimé *ou* aimée.

Conjugaison des verbes.

204. La plupart des verbes neutres se conjuguent comme
les verbes actifs, et prennent l'auxiliaire *avoir* dans
les temps composés.

D'autres se conjuguent dans les temps simples comme 205
les verbes actifs, et prennent l'auxiliaire *être* dans les
temps composés. Tel est le verbe *venir*, que nous
donnons pour modèle.

INDICATIF.

PRÉSENT.
Je viens, tu viens, etc.

IMPARFAIT.
Je venais, etc.

PASSÉ DÉFINI.
Je vins, etc.

PASSÉ INDÉFINI.
Je suis venu, etc.

PASSÉ ANTÉRIEUR.
Je fus venu, etc.

PLUS-QUE-PARFAIT.
J'étais venu, etc.

FUTUR.
Je viendrai, etc.

FUTUR ANTÉRIEUR.
Je serai venu, etc.

CONDITIONNEL.

PRÉSENT.
Je viendrais, etc.

PASSÉ.
Je serais venu, etc.

IMPÉRATIF.

Viens, etc.

SUBJONCTIF.

PRÉSENT.   206
Que je vienne, etc.

IMPARFAIT.
Que je vinsse, etc.

PASSÉ.
Que je sois venu, etc.

PLUS-QUE-PARFAIT.
Que je fusse venu, etc.

INFINITIF.

PRÉSENT.
Venir.

PASSÉ.
Être venu.

PARTICIPE.

PRÉSENT.
Venant.

PASSÉ.
Venu, étant venu *ou* venue.

Ainsi se conjuguent les verbes *arriver, tomber, entrer, partir,
aller, nourrir, naître,* etc.

Conjugaison des verbes pronominaux

Les verbes *pronominaux* n'ont point de conjugaison
qui leur soit particulière. Dans les temps simples, ils
se conjuguent sur l'une des quatre conjugaisons ; dans
les temps composés, ils se conjuguent avec l'auxiliaire
être, comme le verbe *venir.*

INDICATIF.

PRÉSENT.
Je me repens.
Tu te repens.
Il *ou* elle se repent.
Nous nous repentons.
Vous vous repentez.
Ils *ou* elles se repentent.

IMPARFAIT.
Je me repentais, etc.   207

PASSÉ DÉFINI.
Je me repentis, etc.

PASSÉ INDÉFINI.
Je me suis repenti *ou* repentie.

3

PASSÉ ANTÉRIEUR.
Je me fus repenti *ou* repentie.

PLUS-QUE-PARFAIT.
Je m'étais repenti *ou* repentie

FUTUR SIMPLE.
Je me serai repenti *ou* repentie.

CONDITIONNEL.

PRÉSENT.
Je me repentirais.

PASSÉ.
Je me serais repenti *ou* repentie.

On dit aussi :
Je me fusse repenti ou *repentie.*

IMPÉRATIF.
Repens-toi.

SUBJONCTIF.
PRÉSENT ou FUTUR.
Que je me repente.

IMPARFAIT.
Que je me repentisse.

PASSÉ.
Que je me sois repenti *ou* repentie.

PLUS-QUE-PARFAIT.
Que je me fusse repenti *ou* repentie.

INFINITIF.
PRÉSENT.
Se repentir.

PASSÉ.
S'être repenti *ou* repentie.

PARTICIPE.
PRÉSENT.
Se repentant.

PASSÉ.
Repenti, s'étant repenti *ou* repentie.

Conjugaison des verbes unipersonnels.

Les verbes *unipersonnels* ne s'emploient qu'à la troisième personne du singulier, et se conjuguent à cette troisième personne comme les autres verbes.

INDICATIF.
PRÉSENT.
208 Il faut.

IMPARFAIT.
Il fallait.

PASSÉ DÉFINI.
Il fallut.

PASSÉ INDÉFINI.
Il a fallu.

PASSÉ ANTÉRIEUR.
Il eut fallu.

PLUS-QUE-PARFAIT.
Il avait fallu.

FUTUR SIMPLE.
Il faudra.

FUTUR ANTÉRIEUR.
Il aura fallu.

CONDITIONNEL.
PRÉSENT.
Il faudrait.

PASSÉ.
Il aurait fallu.

SUBJONCTIF.
PRÉSENT ou FUTUR.
Qu'il faille.

IMPARFAIT.
Qu'il fallût.

PASSÉ.
Qu'il ait fallu.

PLUS-QUE-PARFAIT.
Qu'il eût fallu.

INFINITIF.
PRÉSENT.
Falloir.

PARTICIPE.
PASSÉ.
Ayant fallu.

Quelques verbes unipersonnels se conjuguent dans les temps composés avec l'auxiliaire *être*.

Tels sont les verbes *il résulte*, *il survient*, *il arrive*, etc.

Conjugaison du verbe interrogatif.

Le verbe interrogatif est celui qui s'emploie dans la forme et le sens interrogatifs. Il se conjugue sur la conjugaison à laquelle il appartient. Ce verbe a la même terminaison dans les temps et dans les personnes. Il diffère des autres verbes, en ce que le pronom sujet se met après le verbe dans les temps simples : *travaillons-nous, jouent-ils ;* et entre l'auxiliaire et le participe dans les temps composés : *avons-nous travaillé, ont ils joué.*

INDICATIF.
PRÉSENT.
Étudié-je.
Étudies-tu.
Étudie-t-il.
Étudions-nous.
Étudiez-vous.
Étudient-ils.

PASSÉ IMPARFAIT.
Étudiais-je.
Étudiais-tu.
Étudiait-il.
Étudiions-nous.
Étudiiez-vous.
Étudiaient-ils.

PASSÉ DÉFINI.
Étudiai-je.
Étudias-tu.
Étudia-t-il.
Étudiâmes-nous.
Étudiâtes-vous.
Étudièrent-ils.

PASSÉ INDÉFINI.
Ai-je étudié.
As-tu étudié.
A-t-il étudié.
Avons-nous étudié.
Avez-vous étudié.
Ont-ils étudié.

PASSÉ ANTÉRIEUR.
Eus-je étudié.
Eus-tu étudié.
Eut-il étudié.
Eûmes-nous étudié.
Eûtes-vous étudié.
Eurent-ils étudié.

PLUS-QUE-PARFAIT.
Avais-je étudié.
Avais-tu étudié.
Avait-il étudié.
Avions-nous étudié.
Aviez-vous étudié.
Avaient-ils étudié.

FUTUR.
Étudierai-je.
Étudieras-tu.
Étudiera-t-il.
Étudierons-nous.
Étudierez-vous.
Étudieront-ils.

FUTUR PASSÉ.
Aurai-je étudié.
Auras-tu étudié.
Aura-t-il étudié.
Aurons-nous étudié.
Aurez-vous étudié.
Auront-ils étudié.

CONDITIONNEL.

PRÉSENT.

Étudierais-je.	Aurait-il étudié.
Étudierais-tu.	Aurions-nous étudié.
Étudierait-il.	Auriez-vous étudié.
Étudierions-nous.	Auraient-ils étudié.
Étudieriez-vous.	*On dit aussi :*
Étudieraient-ils.	Eussé-je étudié.
	Eusses-tu étudié.

PASSÉ.

Aurais-je étudié.	Eût-il étudié.
Aurais-tu étudié.	Eussions-nous étudié.
	Eussiez-vous étudié.
	Eussent-ils étudié.

Première remarque.

Lorsque la première personne est terminée par un *e* muet, cet *e* muet se change en *é* fermé, comme *étudié-je*, pour aider la prononciation.

Deuxième remarque.

Lorsque la troisième personne est terminée par une voyelle, on met un *t* euphonique entre le verbe et le pronom sujet *il* : *parla-t-il*.

Troisième remarque.

Lorsque la première personne est terminée par un monosyllabe, particulièrement dans les 2e, 3e, 4e conjugaisons, et qu'il en résulterait une consonnance désagréable ou altèrerait le sens, l'on prend un autre tour, et l'on dit ou écrit : *est-ce que je cours*, *est-ce que je sens*, *est-ce que j'avertis*, *est-ce que je rends*, et non *cours-je*, *sens-je*, *rends-je*, etc. Il n'y a d'exception que *ai-je*, *suis-je*, *vais-je*, *dois-je*, *fais-je*.

On divise le verbe en deux parties pour en faciliter la conjugaison et l'orthographe, le radical et la finale.

Le radical est l'orthographe usuelle du verbe, comme il s'écrit à l'infinitif. Or, le radical de *chanter* est *chant*, le radical de *prier* est *pri*, celui de *employer* est *employ*, celui de *créer* est *cré*, etc.

La finale est la terminaison qui est propre à chaque temps et à chaque personne dans les quatre conjugaisons.

TABLEAU SYNOPTIQUE DES FINALES DANS LES QUATRE CONJUGAISONS.

			SINGULIER.			PLURIEL.		
			1re pers.	2e p.	8e p.	1re pers.	2o p.	3e pers.
INDICATIF.	PRÉSENT.	1re Conjug.	e.	es.	e.	ons.	ez.	ent.
		2e Conjug.	is.	is.	it.	»	»	»
		3e Conjug.	s.	s.	t.	»	»	»
		4e Conjug.	ds.	ds.	d.	»	»	»
			s.	s.	t.	»	»	»
	IMPARFAIT.		ais.	ais.	ait.	ions.	iez.	aient.
	PASSÉ DÉFINI.	1re Conjug.	ai.	as.	a.	âmes	âtes	èrent.
		2e Conjug.	is.	is.	it.	îmes.	îtes.	irent.
			ins.	ins.	int.	inmes.	intes.	inrent.
		3e Conjug.	is.	is.	it.	îmes.	îtes.	irent.
			us.	us.	ut.	ûmes.	ûtes.	urent.
		4e Conjug.	is.	is.	it.	îmes.	îtes.	irent.
	FUTUR SIMPLE.		rai.	ras.	ra.	rons.	rez.	ront.

CONDITIONNEL PRÉSENT. rais. rais. rait. rions. riez. raient.

SUBJONCTIF.	PRÉSENT.		e.	es.	e.	ions.	iez.	ent.
	IMPARFAIT.	1re Conju.	asse.	asses.	ât.	assions.	assiez.	assent.
		2e Conju.	isse.	isses.	ît.	issions.	issiez.	issent.
			insse.	insses.	întes.	inssions.	inssiez.	inssent.
		3e Conju.	isse.	isses.	ît.	issions.	issiez.	issent.
			usse.	usses.	ût.	ussions.	ussiez.	ussent.
		4e Conju.	isse.	isses.	ît.	issions.	issiez.	issent.

IMPÉRATIF.					
	1re Conjugaison.	e.		ons.	ez.
	2e id.	s.		»	»
	3e id.	s.		»	»
	4e id.	s.		»	»

INFINITIF.		PARTICIPE.	
PRÉSENT.		PASSÉ.	PRÉSENT.
1re Conjugaison.	er.	é.	
2e id.	ir.	i.	
3e id.	oir.	u.	ant.
4e id.	re.	u. / is.	

Des temps primitifs.

210   Il y a dans les verbes cinq temps qui servent à former les autres, et que pour cette raison on nomme *temps primitifs*.

Ce sont le *présent de l'infinitif*, le *participe présent*, le *participe passé*, le *présent de l'indicatif* et le *passé défini*

Les autres temps se nomment *temps dérivés*.

Temps dérivés du présent de l'infinitif.

211   Du présent de l'infinitif on forme, 1° le futur de l'indicatif, en changeant *r* ou *re* en *rai*; 2° le conditionnel présent, en changeant *r* ou *re* en *rais* (*).

EXEMPLES.

« Créer, *je créerai, je créerais* ; — finir, *je finirai, je finirais* ; » — rendre, *je rendrai, je rendrais.* »

Temps dérivés du participe présent.

212
213
214
   Du participe présent on forme trois temps, savoir : 1° les trois personnes plurielles du présent de l'indicatif, en changeant *ant* en *ons, ez, ent* ; 2° l'imparfait de l'indicatif, en changeant *ant* en *ais*; 3° le présent du subjonctif, en changeant *ant* en *e* muet (**).

EXEMPLES.

« Chantant, *nous chantons, vous chantez, ils chantent* (212); » *je chantais* (213) ; *que je chante* (214) ; — finissant, *nous fi-* » *nissons, vous finissez, ils finissent* (212) ; *je finissais* (213); » *que je finisse* (214). »

Temps dérivés du participe passé.

215   Du participe passé on forme les temps composés, en y joignant les temps des verbes auxiliaires *être* ou *avoir*.

Comme « *j'ai chanté, j'avais fini, j'étais descendu.* »

(*) Quand on prend le verbe *recevoir* pour modèle de la 3e conjugaison, le futur et le conditionnel présent se forment en changeant *oir* en *rai* et en *rais*.

(**) Quand on prend le verbe *recevoir* pour modèle de la 3e conjugaison, le présent du subjonctif se forme en changeant *evant* en *oive*; mais alors la première et la seconde personne du pluriel sont irrégulières.

Temps dérivé du présent de l'indicatif.

Du présent de l'indicatif on forme l'impératif, en 244 supprimant le pronom.

EXEMPLES.

« J'aime, nous aimons; IMPÉRATIF, *aime, aimons ;* — je finis,
» nous finissons; IMPÉRATIF, *finis, finissons.* »

Temps dérivé du passé défini.

Du passé défini on forme l'imparfait du subjonctif, 247 en remplaçant *i*, dans la première conjugaison, et *s*, dans les trois autres, par *sse.*

EXEMPLES.

« J'aimai, *que j'aimasse* ; — je finis, *que je finisse* ; — je re-
» çus, *que je reçusse.* »

Verbes irréguliers.

On appelle *irréguliers* les verbes qui ne suivent pas toujours la règle générale des conjugaisons. 218

Plusieurs de ces verbes ne sont pas usités à certains temps et à certaines personnes. On les nomme *dé-fectifs.*

Verbes irréguliers dans les temps primitifs (*).

Présent de l'infinitif.	Participe présent.	Participe passé.	Présent de l'indicatif.	Passé défini.
PREMIÈRE CONJUGAISON.				
Aller	allant	allé	je vais, tu vas, il va	j'allai.
SECONDE CONJUGAISON.				
Acquérir	acquérant	acquis	*j'acquiers	j'acquis.
Bouillir	bouillant	bouilli	je bous	je bouillis.
Courir	courant	couru	je cours	je courus.

(*) L'astérique dont quelques verbes sont précédés, annonce que ces verbes servent de modèles pour la formation des temps primitifs des autres verbes dont la terminaison est la même au présent de l'infinitif.

Présent de l'infinitif.	Participe présent.	Participe passé.	Présent de l'indicatif.	Passé défini.
*Cueillir	cueillant	cueilli	je cueille	je cueillis.
Dormir	dormant	dormi	je dors	je dormis.
Faillir	faillant	failli	je faux	je faillis.
Fuir	fuyant	fui	je fuis	je fuis.
Mentir	mentant	menti	je mens	je mentis.
Mourir	mourant	mort	je meurs	je mourus.
*Offrir	offrant	offert	j'offre	j'offris.
*Ouvrir	ouvrant	ouvert	j'ouvre	j'ouvris.
Partir	partant	parti	je pars	je partis.
Sentir	sentant	senti	je sens	je sentis.
Sortir	sortant	sorti	je sors	je sortis.
*Tenir	tenant	tenu	je tiens	je tins.
*Tressaillir	tressaillant	tressailli	je tressaille	je tressaillis.
*Venir	venant	venu	je viens	je vins.
Vêtir	vêtant	vêtu	je vêts	je vêtis.

TROISIÈME CONJUGAISON.

Choir				
Déchoir		déchu	je déchois	je déchus.
Echoir	échéant	échu	j'échois	j'échus.
Falloir		fallu	il faut	il fallut.
Mouvoir	mouvant	mû	je meus	je mus.
Pleuvoir	pleuvant	plu	il pleut	il plut.
Pouvoir	pouvant	pu	je peux *ou* je puis	je pus.
Prévaloir	prévalant	prévalu	je prévaux	je prévalus.
*Recevoir	recevant	reçu	je reçois	je reçus.
S'asseoir	s'asseyant	assis	je m'assieds	je m'assis.
Savoir	sachant	su	je sais	je sus.
Surseoir	sursoyant	sursis	je sursois	je sursis.
Valoir	valant	valu	je vaux	je valus.
Voir	voyant	vu	je vois	je vis.
Vouloir	voulant	voulu	je veux	je voulus.

QUATRIÈME CONJUGAISON.

Absoudre	absolvant	absous (*fém.* absoute)	j'absous.	
Battre	battant	battu	je bats	je battis.
Boire	buvant	bu	je bois	je bus.
Braire			il brait	
Bruire	bruyant			

Présent de l'infinitif.	Participe présent.	Participe passé.	Présent de l'indicatif.	Passé défini.
Circoncire	circoncisant	circoncis	je circoncis	je circoncis.
Clore		clos	je clos	
Conclure	concluant	conclu	je conclus	je conclus.
Confire	confisant	confit	je confis	je confis.
*Connaître	connaissant	connu	je connais	je connus.
Coudre	cousant	cousu	je couds	je cousis.
*Craindre	craignant	craint	je crains	je craignis.
Croire	croyant	cru	je crois	je crus.
Croître	croissant	crû	je crois	je crus.
Dire	disant	dit	je dis	je dis.
Eclore		éclos	il éclot	
Ecrire	écrivant	écrit	j'écris	j'écrivis.
Exclure	excluant	exclu	j'exclus	j'exclus.
Faire	faisant	fait	je fais	je fis.
*Feindre	feignant	feint	je feins	je feignis.
*Joindre	joignant	joint	je joins	je joignis.
Lire	lisant	lu	je lis	je lus.
Luire	luisant	lui	je luis	
Maudire	maudissant	maudit	je maudis	je maudis.
*Mettre	mettant	mis	je mets	je mis.
Moudre	moulant	moulu	je mouds	je moulus.
Naître	naissant	né	je nais	je naquis.
Nuire	nuisant	nui	je nuis	je nuisis.
*Prendre	prenant	pris	je prends	je pris.
Répondre	répondant	répondu	je réponds	je répondis.
Résoudre	résolvant	résous, résolu (*)	je résous	je résolus.
Rire	riant	ri	je ris	je ris.
Rompre	rompant	rompu	je romps	je rompis.
Suffire	suffisant	suffi	je suffis	je suffis.
Suivre	suivant	suivi	je suis	je suivis.
Traire	trayant	trait	je trais	
Vaincre	vainquant	vaincu	je vaincs	je vainquis.
Vivre	vivant	vécu	je vis	je vécus.

(*) *Résolu* est synonyme de *décidé*; *résous* est synonyme de *dissous*, *réduit*.

Verbes irréguliers dans leurs temps dérivés.

Temps primitifs.	Temps dérivés. (Les personnes régulières sont en *italique*.)

PREMIÈRE CONJUGAISON.

221

ALLER......... FUTUR. J'irai — CONDITIONNEL. J'irais.
—Allant...... PRÉS. DE L'IND. Nous allons, vous allez, ils vont.
—PRÉS. DU SUBJ. Que j'aille, tu ailles, il aille, *nous allions, vous alliez,* ils aillent.
—Je vais.... IMPÉRATIF. Va, *allons, allez.*
ENVOYER..... FUTUR. J'enverrai. — CONDITIONNEL. J'enverrais.
(Voyez la remarque relative à la première conjugaison, 174—175.)

DEUXIÈME CONJUGAISON.

ACQUÉRIR..... FUTUR. J'acquerrai.—CONDITIONNEL. J'acquerrais.
—Acquérant... PRÉS DE L'IND. *nous acquérons, vous acquérez,* ils acquièrent.—PRÉS DU SUBJ. Que j'acquière, tu acquières, il acquière, *nous acquérions, vous acquériez,* ils acquièrent.
COURIR....... FUTUR. Je courrai. — CONDITIONNEL. Je courrais.
CUEILLIR..... FUTUR. Je cueillerai. CONDIT. Je cueillerais.
MOURIR....... FUTUR. Je mourrai. CONDIT. Je mourrais.
—Mourant..... PRÉS. DE L'IND. *nous mourons, vous mourez,* ils meurent. — PRÉS. DU SUBJ. Que je meure, tu meures, il meure, *nous mourions, vous mouriez,* ils meurent.
TENIR........ FUTUR. Je tiendrai.—CONDIT. Je tiendrais. (Conjuguez de même tous les verbes en enir.)
—Tenant..... PRÉS. DE L'IND. *Nous tenons, vous tenez,* ils tiennent. — PRÉS. DU SUBJ. Que je tienne, tu tiennes, il tienne, *nous tenions, vous teniez,* ils tiennent (Conjuguez de même tous les verbes en enir.)
TRESSAILLIR.. FUTUR. Je tressaillerai.— CONDIT. Je tressaillerais

TROISIÈME CONJUGAISON.

ASSEOIR....... FUTUR. J'assiérai.— CONDITIONNEL. J'assiérais.
ÉCHOIR....... FUTUR. J'écherrai.— CONDITIONNEL. J'écherrais.
FALLOIR...... FUTUR. Il faudra.—CONDITIONNEL. Il faudrait.
—Fallant..... PRÉS. DU SUBJ. Qu'il faille.
MOUVOIR...... FUTUR. Je mouvrai.—CONDITIONNEL Je mouvrais.
—Mouvant.... PRÉS. DE L'IND.—*Nous mouvons, vous mouvez,* ils meuvent.—PRÉS. DU SUBJ. Que je meuve, tu meuves, il meuve, *nous mouvions, vous mouviez,* ils meuvent.
PLEUVOIR..... FUTUR. Il pleuvra. — CONDITIONNEL. Il pleuvrait.

Pouvoir......	Futur. Je pourrai.—Conditionnel. Je pourrais.
—Pouvant....,	Prés. de l'ind. *Nous pouvons, vous pouvez, ils* peuvent. — Prés. du subj. Que je puisse, tu puisses, il puisse, nous puissions, vous puissiez, ils puissent.
Prévaloir....	Futur. Je prévaudrai.—Condit. Je prévaudrais.
Recevoir.....	Futur. Je recevrai.—Conditionnel Je recevrais.
—Recevant....	Prés de l'ind. *Nous recevons, vous recevez,* ils reçoivent.—Prés. du subj. Que je reçoive, tu reçoives, il reçoive, *nous recevions, vous receviez,* ils reçoivent. (Conjuguez de même tous les verbes en *evoir.*)
Savoir........	Futur. Je saurai.—Conditionel. Je saurais.
— Sachant....	Pr. de l'ind. Nous savons, vous savez, ils savent.
—Je sais.....	Impératif. Sache.
Valoir.......	Futur. Je vaudrai.—Conditionnel. Je vaudrais.
—Valant......	Prés. du subj. Que je vaille, tu vailles, il vaille. *nous valions, vous valiez,* ils vaillent.
Voir.........	Futur. Je verrai.—Conditionnel. Je verrais.
Vouloir......	Futur. Je voudrai.—Conditionnel. Je voudrais.
— Voulant....	Prés. de l'ind *Nous voulons, vous voulez,* ils veulent. — Prés. du subj. Que je veuille, tu veuilles, il veuille, *nous voulions, vous vouliez,* ils veuillent.

QUATRIÈME CONJUGAISON.

Buvant......	Prés. de l'ind. *Nous buvons, vous buvez,* ils boivent.—Présent du subj. Que je boive, tu boives, il boive, *nous buvions, vous buviez,* ils boivent.
Disant } Redisant }	Prés. de l'ind. *Nous disons, nous redisons;* vous dites, vous redites; *ils disent, ils redisent.* (Tous les autres composés de *dire* sont réguliers.)
Faire........	Futur. Je ferai.—Conditionnel. Je ferais.
—Faisant.....	Prés de l'ind. *Nous faisons,* vous faites, ils font. —Prés. du subj. Que je fasse, tu fasses, etc.
Prenant.....	Prés. de l'ind. *Nous prenons, vous prenez,* ils prennent. — Prés. du subj. Que je prenne, tu prennes, il prenne, *nous prenions, vous preniez,* ils prennent. (Conjuguez de même *entreprendre, comprendre, surprendre,* etc.) Voyez la remarque portant les numéros 172 et 173, et, au chap. XVI, *cas où l'e muet et l'é fermé sont remplacés par un è ouvert.*

Emploi des temps de l'indicatif.

Présent.

On emploie le présent pour exprimer une action 224

qui se fait habituellement au moment où l'on parle.

Comme dans ces phrases : « *je prie* Dieu soir et matin. — *Je
» récite* en ce moment ma leçon. »

Remarque.

223 On emploie quelquefois aussi le présent pour le
passé, afin de donner plus de vivacité au récit.

Comme dans cette phrase : « un enfant allait périr dans les flots;
» Eugène *accourt, s'élance* dans le fleuve, et *sauve* cet infortuné.»

Imparfait.

224 On emploie l'imparfait, pour exprimer une action
qui se faisait au moment où une autre action a
commencé. Il ne faut donc pas l'employer pour le
présent.

Passé défini.

225 On emploie le passé défini, pour exprimer un temps
passé et entièrement écoulé.

Ainsi, il ne faut pas dire : « j'*étudiai* ce matin, aujourd'hui,
» cette semaine, » parce que le jour, la semaine, l'année, ne sont
» pas écoulés.

Passé indéfini,

226 On emploie le passé indéfini, pour exprimer un
temps passé, soit que ce temps soit entièrement
écoulé, ou qu'il ne le soit pas.

On dira également : « *votre frère est venu me voir la semaine
dernière,* et, *il est venu aujourd'hui.* »

Passé antérieur.

227 Le passé antérieur s'emploie pour exprimer un
temps antérieur à un autre qui est passé.

EXEMPLES.

Quand *il eut fini* sa lettre, il partit.

Plus-que-parfait.

228 On emploie le plus-que-parfait, pour exprimer une
action qui était terminée au moment où a commencé
une autre action qui est terminée aussi.

EXEMPLES.

J'avais fini quand il arriva; aussitôt qu'*il avait fini*, il s'en
allait.

Futur.

Le futur exprime un temps à venir. 229

EXEMPLE.

J'ai appris que *vous viendrez* bientôt (et non que vous viendriez).

Futur antérieur.

Le futur antérieur exprime une action à venir, mais 230 antérieure à une autre action également à faire.

EXEMPLE.

J'aurai fini avant qu'il vienne, ou quand il viendra.

Conditionnel présent.

Le conditionnel présent ne s'emploie que pour exprimer une condition dans un temps présent ou à venir, et ne doit pas être employé pour le futur. 231

EXEMPLE.

Je désirerais que vous vinssiez, s'il est possible.

Conditionnel passé.

Le conditionnel passé exprime une condition dans 232 un temps passé, et ne doit pas être employé pour le conditionnel présent.

EXEMPLES.

» Je sais		*habite* actuellement Paris. »
» Je savais		*habitait* Paris, quand cette affaire eut lieu. »
	qu'il	*habita* Paris à telle époque. »
» Je sus alors		*a habité* Paris pendant quelque temps. »
		avait habité Paris, avant de venir ici. »
« J'ai su depuis		*habiterait* Paris, s'il le pouvait. »
		aurait habité Paris plus tôt, s'il l'avait pu. »

AUTRES EXEMPLES.

« Dès que j'eus appris (227) qu'il *habite* (222) Paris (et non
» qu'il *habitait*), j'allai le voir. — J'avais oublié (228) qu'il *ha-*
» *bite* Paris, quand vous m'en fites souvenir. — J'irai (229) vous
» voir l'an prochain. — J'aurai fini (230), quand vous viendrez.
» — J'ai appris que vous *viendrez* (229) bientôt (et non *que vous*
» *viendriez*). — Je désirerais (231) que vous vinssiez. — J'au-*
» *rais juré* que vous *auriez agi* (232) de telle manière (et non
» *que vous agiriez*). »

Emploi du subjonctif.

PREMIÈREMENT.

On emploie le subjonctif après un verbe qui ex- 233

prime le doute, la crainte, le désir, le commandement, la volonté.

EXEMPLES.

« Je doute
« Je ne crois pas
« Je désire   } qu'il *vienne.* »
« Je veux
« J'ordonne
« Je défends

DEUXIÈMEMENT.

234 On emploie aussi le subjonctif, 1° après les verbes
235 unipersonnels; 2° après les pronoms relatifs, précédés
d'un superlatif relatif, ou de *le premier*, *le dernier*,
236 *le seul*; 3° après les pronoms *quelque*, *que*, *quoi que*;
237 4° enfin, après certaines conjonctions (39), telles que
afin que, *pourvu que*, *quoique*, *soit que*, *du moins
que*, etc.

EXEMPLES.

« Il importe qu'il *vienne* (234).— Ce livre est le plus intéressant
» que je *connaisse*. — Vous êtes le premier, le dernier, le seul
» auquel j'*aie* confiance (235). — Je n'en ferai rien, quoi que
» vous *disiez* (236).— Afin que, pourvu que vous *sachiez* (237).»

Emploi du présent et du passé du subjonctif.

Après le présent de l'indicatif et le futur, on em-
238 ploie le présent du subjonctif pour exprimer un présent ou un futur, et l'on emploie le passé pour exprimer un passé.

EXEMPLES.

« Je permets
« Je permettrai   } que vous *chantiez* aujourd'hui, demain. »
« Je doute
« Je douterai   } que vous *ayez chanté* hier.

Exception.

239 Cependant quand le second verbe est suivi d'une
expression conditionnelle, on emploie le plus-que-
parfait du subjonctif au lieu du passé.

EXEMPLES.

« Je ne crois pas qu'il *eût réussi*, s'il eût continué de cette
» manière. »

Emploi de l'imparfait et du plus-que-parfait du subjonctif.

Après l'imparfait, le plus-que-parfait et les passés 240 de l'indicatif, et après les conditionnels, on emploie l'imparfait du subjonctif pour exprimer un présent ou un futur, et l'on emploie le plus-que-parfait pour exprimer un passé.

EXEMPLES.

« Je désirais	
« Je désirai	que nous *arrivassions* aujourd'hui ,
« J'ai désiré	» demain. »
« J'avais désiré	
« Je désirerais	que nous *fussions arrivés* hier.
« J'aurais désiré	

Exception.

On emploie le présent du subjonctif au lieu de l'imparfait, toutes les fois que le verbe au subjonctif exprime une action qui a lieu dans tous les temps, ou au moment où l'on parle. 241

EXEMPLES.

« Nos ancêtres doutaient que la terre *tourne* (et non *tournât*).. » — Je l'ai blâmé, quoiqu'il soit mon père (et non *quoiqu'il fût.*»

Emploi de l'infinitif.

L'usage le plus fréquent de l'infinitif est de servir de complément à un verbe, ou à un adjectif, ou à 242 un nom. On l'emploie aussi quelquefois comme 243 sujet.

EXEMPLES.

« J'aime *à travailler*. — Je suis prêt *à obéir*. — Le désir de » *briller* (241).— *Aimer* son prochain est un devoir (242). »

Remarque.

Quelquefois le présent de l'infinitif est employé pour le participe présent. Dans ce cas, il qualifie le 244 nom ou le pronom qui le précède.

Comme dans cette phrase : « je l'ai entendu *chanter*, » c'est-à-dire, j'ai entendu lui *chantant*. »

Accord du verbe avec son sujet.

Le verbe s'accorde en nombre et en personne avec 245 s on sujet (150).

EXEMPLES AVEC DÉVELOPPPEMENTS.

Ainsi, dans ces exemples : « *tu parles, nous parlons, ils écri-* » *vent ;* » *parles* est à la seconde personne du singulier, parce que *tu* est de la seconde personne et du singulier ; *parlons* est à la première personne du pluriel , parce que *nous* est de la première personne et du pluriel ; *écrivent* est à la troisième personne du pluriel, parce que *ils* est de la troisième personne et au pluriel. »

Sujet composé.

PREMIÈREMENT.

246 Quant le sujet est composé, c'est-à-dire, quand il est formé de plusieurs noms ou pronoms, on met le verbe au pluriel.

Comme dans cette phrase : « mon frère et ma sœur *lisent.* »

DEUXIÈMEMENT.

247 Si ces noms ou pronoms sont de personnes diffé- rentes, on fait accorder le verbe avec la personne qui a la priorité. Or, la première personne a la priorité sur la seconde, et celle-ci sur la troisième.

EXEMPLES.

« *Vous* et *moi* nous *lisons* ; — *vous* et *votre frère*, vous *lisez.* »

248 (La politesse veut que l'on nomme d'abord la personne à qui l'on parle, et qu'on se nomme le dernier.)

Remarque.

Cependant le verbe ne doit pas être mis au pluriel dans les cas suivants :

249 1° Si les noms ou pronoms composant le sujet du verbe sont de la même personne, et liés entre eux par

250 la conjonction *ou ;* 2° s'ils sont unis par la conjonction *ni*, et qu'un seul de ces noms ou pronoms puisse faire l'action exprimée par le verbe ; 3° si ces noms ont une

251 signification à peu près semblable ; 4° enfin, si le der- nier exprime seul autant ou plus que tous les autres

252 ensemble.

EXEMPLES.

— « Son frère *ou* lui *viendra* (248). — *Ni* Eugène *ni* Philippe » n'a obtenu le prix. (249). — Sa *clémence*, sa *bonté*, sa *douceur* » ne s'*est* jamais démentie (250). — Richesses, repos, santé, *tout* » *est perdu* pour lui (251). »

Le pronom vous *sujet du verbe.*

Quand on parle à une personne que l'on respecte,

l'usage veut que l'on emploie *vous* pour *tu*. Dans ce cas, le verbe se met à la seconde personne plurielle ; mais si ce verbe est à un temps composé, ou s'il est suivi d'un adjectif, le participe et l'adjectif restent au singulier.

EXEMPLES.

Ainsi l'on dit : « Monsieur, vous me *flattez*. » Mais l'on doit » dire : « vous êtes *prié* (et non *priés*) ; vous êtes trop *bon* (et » non trop *bons*). »

Sujet formé par le qui *relatif.*

Le pronom relatif *qui*, s'accordant avec son antécédent en genre, en nombre et en personne (147), veut après lui un verbe du même nombre et de la même personne que cet antécédent.   254

EXEMPLES.

« Moi qui l'*aimais* ; — lui qui l'*aimait* ; nous qui l'*aimions* ; » — vous qui l'*aimiez*. »

Place du sujet.

Le sujet se place ordinairement avant le verbe.

Cependant il doit être placé après le verbe dans les cas suivants : 1° quand on interroge ; 2° quand on rapporte les paroles de quelqu'un ; 3° après *où*, adverbe, et après les pronoms relatifs, suivis d'un verbe sans régime ; 4° après *tel*, *ainsi*.   255 256 257 258

EXEMPLES.

« Que penseront les *honnêtes gens* ? — Où suis-*je* ? — Que » fais-*tu* ? — Vient-*il* ? — Que dit-on (254) ? — La force, a dit » *un bon roi*, n'est guère nécessaire où règne *la justice* (256).— » J'ignore ce que pense *cet homme* (256). — Tel était *son avis*. » — Ainsi mourut *ce héros* (257). »

Répétition vicieuse du sujet.

Quand le sujet est déjà représenté par un nom, c'est une faute grossière de le représenter de nouveau par un pronom personnel.   259

Ainsi, c'est une faute de dire : « *Pierre, il* étudie ; » on doit dire : « *Pierre* étudie. »

Des compléments. — Complément du verbe actif.

Le verbe actif peut avoir un complément direct (157) ; il peut avoir en outre plusieurs compléments indirects (158), pourvu que ces compléments n'expriment pas un même rapport.   260 261

EXEMPLES AVEC DÉVELOPPEMENTS.

Ainsi, dans cet exemple : « j'ai écrit avec cette plume une lettre » à mon ami ; » le verbe *écrire* a un complément direct *une lettre*, et deux compléments indirects, exprimant deux rapports différents, savoir : *avec cette plume* et *à mon ami.* La préposition *avec* exprime un rapport, la préposition *à* en exprime un autre.

Répétition vicieuse du complément indirect.

262 Un verbe ne peut avoir deux compléments indirects pour exprimer le même rapport.

EXEMPLES AVEC DÉVELOPPEMENTS.

Ainsi, ne dites pas : « c'est *à vous à qui* j'ai confié ce secret.— » C'est *en Dieu en qui* j'ai mis ma confiance. » Dans ce cas, on emploie la conjonction *que* au lieu du pronom relatif, et l'on dit : « c'est *à vous que* j'ai confié ce secret. — C'est *en Dieu que* j'ai » mis ma confiance. »

Complément du verbe passif.

263 Le complément du verbe passif est toujours indirect et composé de la préposition *de* ou *par; de,* quand le verbe exprime un sentiment; *par,* quand il exprime une action.

EXEMPLES.

« Cet enfant est aimé DE *tout le monde*; il a été récompensé « PAR *son père.* »

Complément du verbe neutre.

284 Ainsi que le verbe actif, le verbe neutre peut avoir plusieurs compléments indirects, pourvu que ces compléments n'expriment pas le même rapport (259).

EXEMPLES AVEC DÉVELOPPEMENTS.

Ainsi, dans cette phrase : « il va DE *Nancy* A *Rouen,* il y a deux » compléments indirects, *de Nancy* et *à Rouen*; la préposition » *de* exprime un rapport, la préposition *à* en exprime un autre. »

Complément du verbe pronominal.

265 Le verbe pronominal est actif ou neutre, et il est soumis aux mêmes règles que ces deux sortes de verbes.

EXEMPLES.

Verbes pronom. actifs,

« Il s'adonne à *l'étude,* » c'est-à-dire, il adonne *soi* (complément direct) *à l'étude* (complément indirect).

« Il se fait *tort,* » c'est-à-dire, il fait *tort* (complément direct) *à soi* (complément indirect).

Verbe pronom. neutre. { « Il *se* nuit, » c'est-à-dire, il **nuit** *à soi* (complément indirect).

Complément du verbe unipersonnel.

Il arrive presque toujours que le complément du verbe unipersonnel n'est qu'*apparent*, et qu'il est en réalité le sujet du verbe. **266**

Ainsi, dans cette phrase : « il tombe *beaucoup de neige*, » le complément apparent *beaucoup de neige* est réellement le sujet du verbe *tomber* ; car on peut dire : « *beaucoup de neige* tombe. »

Remarque sur les compléments.

1° Lorsqu'un complément est composé de plusieurs mots unis par une conjonction, ces mots doivent toujours être de la même espèce : 2° il faut toujours donner à chaque verbe le complément qui lui convient (128-129). **267** **258**

EXEMPLES ET DÉVELOPPEMENTS.

Ainsi, l'on ne doit pas dire : « il aime *l'étude et à travailler.* » Mais il faut dire : « il aime *l'étude et le travail* (266). »

On ne doit pas dire non plus : « Paul connaît et s'acquitte *de ses devoirs.* » Mais il faut dire : « Paul connaît *ses devoirs*, et s'en acquitte ; » parce que le verbe *connaître* veut un complément direct, et que le verbe *s'acquitter* veut un complément indirect (267).

Remarque sur les pronoms me, te, nous, vous, se.

Les pronoms *me, te, nous, vous, se*, sont quelquefois compléments directs, et d'autres fois compléments indirects.

PREMIÈREMENT.

Ils sont compléments directs, lorsqu'ils sont employés pour *moi, toi, soi, nous, vous, lui, elle, eux, elles.* **269**

EXEMPLES.

« Je *te* chéris, » c'est-à-dire, je chéris *toi ;* — « je *vous* estime, » c'est-à-dire, j'estime *vous ;* — « ils *se* flattent, » c'est-à-dire, ils flattent *eux.*

DEUXIÈMEMENT.

Ils sont compléments indirects, lorsqu'ils sont employés pour *à moi, à toi, à soi, à nous, à vous, à lui, à elle, à eux, à elles.* **270**

EXEMPLES.

« Il *te* plaît, » c'est-à-dire, il plaît *à toi ;* — « il *nous* écrit, » c'est-à-dire, il écrit *à nous ;* — « elle *se* fait un devoir, » c'est-à-dire, elle fait *à elle* un devoir.

Place du complément nom.

271 Le complément se place après le verbe, quand ce complément est un nom.

Comme dans ces mots : « je donne *ce livre à mon ami*. »

Exception.

272 Cependant, quoique nom, le complément se place avant le verbe, quand on interroge, et que cette interrogation se fait au moyen des mots *quel, combien de, que, de.*

EXEMPLES.

« *Quel pays* habitez-vous? — *de quelle ville* sortez-vous? — » *combien de prix* a-t-il obtenus? — *que de peines* vous me » causez? »

Place du complément pronom.

QUATRIÈMEMENT.

273 Quand le complément du verbe est un des pronoms personnels *me, te, se, nous, vous, le, la, les, lui, leur,* ou un pronom relatif, il se place avant le verbe (*).

EXEMPLES.

« Je *te* vois ; — je *vous* entends ; — je *le* respecte et *lui* obéis ; » — il *se* hâte ; — le séjour *que* je préfère est celui des champs. »

Exception.

274 Quand le verbe est à l'impératif, et qu'il a pour complément un ou plusieurs pronoms personnels, ces pronoms se placent après le verbe, et l'on joint tous ces mots entre eux par un trait d'union.

EXEMPLES.

« Aime ton père, et soulage-*le* dans sa vieillesse. — Amène-*le* « *moi*. »

DEUXIÈMEMENT.

275 Tout autre pronom se place après le verbe.

EXEMPLES.

« Chacun songe à *soi*.— Je me plais avec *lui*.— J'aime *ceci*.— » Je hais *cela*.— Il a pris mon livre, et m'a donné le *sien*. »

(*) Quand le complément direct est exprimé par l'un des pronoms *le, la, les,* et qu'il est suivi du pronom *lui* ou *leur,* beaucoup de personnes négligent d'énoncer ce complément. C'est une faute que l'on doit éviter. Ainsi, ne dites pas : « j'avais le livre de mon frère, je lui « ai rendu; » mais dites : « je *le* lui ai rendu. »

*Place respective du complément direct et du complément
indirect.*   276

Lorsqu'un verbe a deux compléments, l'un direct,
l'autre indirect, le complément direct se place toujours 277
le premier, à moins qu'il ne soit plus long que le complément indirect.

EXEMPLES.

Ainsi l'on dira : « chassez *le vice* de votre cœur. — Ce livre est
» beau, donnez-*le* moi.—Cette histoire est intéressante, racontez-
» *la* moi (275). »

Mais il faudra dire : « Éloignez de vos lèvres *le mensonge et la
» calomnie*, » parce qu'ici le régime direct est plus long que le
» régime indirect (276). »

CHAPITRE VIII.

DU PARTICIPE.

Voyez la définition (35-36).

Différentes sortes de participes.

Il y a deux sortes de participes, le participe pré- 273
sent et le participe passé.

Participe présent.

Le participe présent est toujours terminé par *ant*, 279
et ne varie jamais.

« Un homme
» Une femme } *abattant* des noix. »
» Des enfants

Remarque sur les adjectifs verbaux.

Il ne faut pas confondre le participe présent avec
certains adjectifs, dérivés des verbes, qu'on appelle
pour cette raison *adjectifs verbaux*, et qui s'accordent 280
en genre et en nombre avec le nom qu'ils qualifient.   281

Manière de distinguer le participe présent de l'adjectif verbal.

On reconnaît qu'un mot terminé par *ant* est participe présent, 1° lorsqu'il exprime une action ; 2° lorsqu'il a un complément direct.

On reconnaît qu'un mot est adjectif verbal, lorsqu'il

282 exprime une qualité ou une situation habituelle sans action, et lorsqu'il peut être précédé de *qui* et de l'un des temps du verbe *être*.

EXEMPLES.

« Ces enfants, *courant* sans cesse, n'étudient pas leur leçon.—
» *Obligeant* les malheureux, vous en ferez des amis. — C'est
» une personne *obligeante*, mais *languissante*. »

DÉVELOPPEMENTS.

Dans le premier de ces exemples, le mot *courant* est participe présent, parce qu'il exprime une action (278).

Dans le second exemple, *obligeant* est participe présent, parce qu'il exprime une action, et qu'il a un complément direct (278).

Dans le troisième exemple, *obligeante* est adjectif verbal, parce qu'il exprime seulement une qualité, une disposition à obliger, et non l'action d'obliger, et parce qu'on peut dire : « une personne » *qui est* obligeante (279) ; » *languissante* est adjectif verbal, parce qu'il exprime une situation habituelle, et que l'on peut dire : « une personne *qui est* languissante (179). »

Participe passé.

283   Le participe passé est la partie du verbe qui se conjugue avec l'auxiliaire *être* ou l'auxiliaire *avoir* dans les temps composés ; il a différentes terminaisons, comme *aimé*, *fini*, *reçu*, *ouvert*.

Il s'accorde tantôt avec son sujet, tantôt avec son complément direct.

Participe passé sans auxiliaire.

284   Le participe passé, employé sans auxiliaire, s'accorde, comme l'adjectif, avec le nom qu'il qualifie.

Comme dans ces mots : « un service *rendu*, des services *ren-*
« *dus* ; — une terre *cultivée*, des terres *cultivées*. »

285   Le participe passé, joint à l'auxiliaire *être*, s'accorde en genre et en nombre avec le sujet du verbe (*).

Comme dans ces mots : « Il serait à désirer que le travail fût
» toujours *récompensé*, que la vertu fût *honorée*, et que les vices
» fussent *méprisés*. »

Participe passé joint à l'auxiliaire avoir.

PREMIÈREMENT.

286   Le participe passé, joint à l'auxiliaire *avoir*, ne

(*) Excepté dans les verbes pronominaux, où le verbe *être* est toujours employé pour le verbe *avoir*.

s'accorde jamais avec le sujet du verbe.

Comme dans ces mots : « lorsque ces orages ont *éclaté*, les
» campagnes ont beaucoup *souffert*. »

DEUXIÈMEMENT.

Le participe passé, joint à l'auxiliaire *avoir*, s'accorde avec son complément direct, lorsqu'il en est
précédé.

EXEMPLES.

« La lettre *que* vous avez *écrite*, je *l'*ai *lue*. — Les livres *que*
» j'avais *prétés*, on me *les* a *rendus*. — *Quelle affaire* avez-vous
» *entreprise?* — *Combien d'ennemis* n'a-t-il pas *vaincus?* — Il
» *nous* a *trompés*. »

DÉVELOPPEMENTS.

Dans ces exemples, les participes passés *écrite*, *lue*, *prétés*,
rendus, *entreprise*, *vaincus*, *trompés*, s'accordent avec leurs
compléments directs *que*, *la*, *les*, *quelle affaire*, *combien d'enne-*
mis, *nous*, parce que ces compléments sont placés devant le participe (*).

TROISIÈMEMENT.

Quand le complément direct est placé après le participe, ou lorsqu'il n'y a pas de complément direct,
le participe est invariable.

EXEMPLES AVEC DÉVELOPPEMENTS.

Ainsi dans ces phrases : « j'ai *écrit une lettre ;* — vous avez
» *acheté des livres ;* — nous avons *chanté ;* » les participes *écrit*
et *acheté* restent invariables, parce que leurs compléments directs
sont placés après eux ; *chanté* reste invariable, parce qu'il n'a pas
de complément direct.

Participe passé des verbes pronominaux.

Le participe passé des verbes pronominaux s'accorde avec son complément direct, lorsqu'il en est précédé, et reste invariable, lorsqu'il en est suivi.

EXEMPLES.

« Je connais l'affaire *qu'*ils se sont *attirée ;* — ma mère *s'en*
» est *informée ;* — ils *s'en* sont *repentis* (287). — Ils se sont *attiré*
» *une affaire ;* — ils se sont *communiqué leurs projets ;* — ils se
» sont *écrit* (288). »

DÉVELOPPEMENTS.

Dans les trois premiers exemples, les participes passés *attirée*,

---

(*) On voit que le complément précédant le participe est ordinairement un des pronoms *que*, *me*, *te*, *se*, *le*, *la*, *les*, *nous*, *vous*.

informée et *repentis* s'accordent avec leurs compléments directs *que* et *se*, parce qu'ils en sont précédés.

Dans les deux exemples suivants, les participes passés *attiré* et *communiqué* restent invariables, parce qu'ils ne sont pas précédés de leurs compléments directs, *une affaire* et *leurs projets*.

Dans le dernier exemple, le participe *écrit* reste invariable, parce qu'il n'a point de complément direct.

Participe passé des verbes neutres.

291 **Les verbes** neutres ne pouvant avoir de complément direct, leur participe passé ne s'accorde jamais avec son complément.

EXEMPLES AVEC DÉVELOPPEMENT.

Ainsi dans ces phrases : « les jours que j'ai *vécu*; — les heures » que j'ai *dormi* ; » les participes passés *vécu* et *dormi* sont invariables, parce que le pronom relatif *que*, qui les précède, est un complément indirect. C'est comme si l'on disait : « les jours » *pendant lesquels* j'ai vécu;—les heures *pendant lesquelles* j'ai » dormi. »

292 ### Participe passé des verbes unipersonnels.

Le participe passé des verbes unipersonnels est toujours invariable.

EXEMPLES.

« Les chaleurs qu'il y a *eu* ;—les mauvais temps qu'il a *fait*. »

293 ### Participe passé suivi d'un infinitif.

294 Le participe passé, immédiatement suivi d'un infinitif, s'accorde avec le pronom ou le nom qui le précède, quand ce pronom ou ce nom est son complément direct. Il reste invariable, si au contraire ce pronom ou ce nom est le complément direct du verbe à l'infinitif.

On reconnaît que ce pronom ou ce nom est le complément du participe passé, lorsqu'on peut le mettre immédiatement après le participe passé, et changer l'infinitif en participe présent (343).

EXEMPLES.

« La femme *que* l'autre jour j'ai *entendue* chanter, je *l*'ai *vue* » passer ce matin. — *Combien d'hommes* j'ai *vus* oublier leurs » bienfaiteurs (291) ! — La romance que j'ai *entendu* chanter, et » qué vous m'avez *fait* copier, je l'ai *laissé* prendre (262). »

DÉVELOPPEMENTS.

Dans le premier exemple, les mots *que, la, combien d'hommès*, sont compléments directs des participes passés *entendue* et *vue*,

qu'on peut dire : « j'ai *entendu* la femme *chantant* , j'ai *vu* elle
» *passant*; j'ai *vu* les hommes *oubliant*, etc.; » conséquemment,
les participes *entendu* et *vu* doivent s'accorder avec ces compléments.

Dans le second exemple, au contraire , les participes passés *entendu*, *fait* et *laissé* restent invariables , parce que les pronoms
que et *la*, qui les précèdent, sont les compléments directs du verbe
à l'infinitif. En effet . on ne peut-pas dire : « j'ai vu la romance
» *chantant* , etc. (*) »

Remarque sur le participe passé entre deux que.

Le participe passé, placé entre deux *que*, est toujours invariable, parce que le pronom relatif *que*, 293
dont il est précédé, n'est pas son complément direct,
mais celui du verbe qui suit.

EXEMPLES.

« Le livre que j'ai *pensé* que je vous donnerais. — Les progrès
» que j'ai *su* que vous faites. »

DÉVELOPPEMENTS.

Dans ces exemples, les participes passés *pensé* et *su* sont invariables, parce que le pronom relatif *que*, qui les précède, est complément direct des verbes *donner* et *faire* , comme on le voit en
retournant la phrase : « j'ai *pensé* que je vous donnerais des livres.
» — J'ai *su* que vous faites des progrès. »

Participe passé précédé du pronom le.

Le participe passé, précédé du pronom *le*, est 294
invariable, quand ce pronom représente une partie
de phrase.

EXEMPLE AVEC DÉVELOPPEMENTS.

Ainsi, dans cet exemple : « la lecture de ce livre est plus agréa-
» ble que je ne l'avais *pensé*, » *pensé* reste invariable , parce que
le pronom *le* , qui le précède , représente une partie de phrase.
C'est comme si l'on disait : « la lecture de ce livre est plus agréa -
» que je n'avais pensé *qu'elle serait agréable*. »

Participe passé précédé du pronom en.

Le participe passé, précédé du pronom *en*, ne 295
s'accorde pas avec lui, parce que ce pronom est

(*) Quelquefois le verbe à l'infinitif se trouve sous-entendu,
comme dans cette phrase : « nous lui avons *procuré* tous les plaisirs
» que nous avons *pu*, » Dans ce cas, le participe passé reste invariable, parce que c'est comme si l'on disait : « nous lui avons *procuré* tous
» les plaisirs que nous avons *pu lui procurer*. »

toujours complément indirect, et souvent d'un mot sous-entendu.

EXEMPLE AVEC DÉVELOPPEMENTS.

Ainsi, dans cet exemple : « j'attendais des lettres, j'en ai *reçu;* » *en* est complément indirect d'un mot sous-entendu. C'est comme si l'on disait : « j'en ai reçu *une partie.* »

CHAPITRE IX.

DE L'ADVERBE.

296 L'adverbe est un mot invariable que l'on ajoute au verbe et à l'adjectif pour en modifier la signification et n'a jamais de complément.

Liste des adverbes les plus usités.

Autrefois,	Ici,	Dedans,	Aussi,
Bientôt.	Là,	Dehors,	Autant,
Souvent,	Dessus,	Ailleurs,	Ne,
Toujours,	Dessous,	Très,	Ne pas,
Jamais,	Auprès,	Fort,	Ne point,
Où,	Loin,	Moins,	Beaucoup,
Peu,	Assez,	Tant,	Ensuite,
Combien,	Trop,	D'abord,	Auparavant;

97 (en marge)

Et tous les adverbes dérivés des adjectifs, comme *sagement, prudemment, doucement, honteusement,* etc.

Formation des adverbes dérivés des adjectifs.

298 1º Les adverbes dérivés des adjectifs, terminés par *ant* et *ent,* se forment en changeant *ant* et *ent* en *amment* et *emment;* 2º les autres adverbes dérivés des adjectifs se forment en ajoutant *ment* au masculin des adjectifs terminés par une voyelle, et au féminin des

299 adjectifs terminés au masculin par une consonne.

EXEMPLES.

« Obligeant, *obligeamment;* prudent, *prudemment* (209). —
» Joli, *joliment;* ingénu, *ingénument;* doux, douce, *doucement;*

300 »franc, franche, *franchement* (299). »

Sont exceptés les adverbes *aveuglément, commodément, conformément, énormément, opiniâtrément, profondément,* qui prennent un accent aigu sur l'e pénultième.

Remarque.

Les adverbes dérivés des adjectifs équivalent à une **301** préposition suivie de son complément.

Ainsi, *prudemment* a la même signification que *avec prudence.*

Adverbes de négation.

Les adverbes de négation sont *ne*, *ne pas* et *ne* **302** *point*. *Ne* est la négation la plus faible; *ne point* est la négation la plus forte.

Ne s'emploie seul dans les cas suivants :

PREMIÈREMENT.

Pour exprimer une négation faible, ou lorsqu'il **303** est précédé ou suivi d'un mot ayant un sens négatif.

DEUXIÈMEMENT.

Après *à moins que*, *de peur que* et ses synonymes, **304** et après le verbe *empêcher.*

TROISIÈMEMENT.

Après *autre*, *autrement*, après des comparatifs d'in- **305** fériorité et de supériorité, et après les verbes *craindre*, *trembler*, etc., lorsque ces mots ne sont pas accompagnés d'une négation.

QUATRIÈMEMENT.

Enfin, après les verbes *nier*, *douter*, *désespérer*, *dis-* **306** *convenir*, seulement lorsque ces verbes sont accompagnés d'une négation.

EXEMPLES.

Ainsi l'on dira : « je *ne* puis marcher. — Je *ne* connais *per-* » *sonne* plus stupide (303).—Il ne cessera pas, *à moins que* vous » *ne* le lui ordonniez.—Rien *n'empêche* que vous *ne* veniez (304). » Il est *autre* que je *ne* pensais. — Il est *plus instruit* que je *ne* » croyais.—Je *crains* qu'il *ne* vienne (305). Je *ne* doute pas qu'il » *n'écrive* (306). »

Mais il faudra dire : « il n'est pas *autre* que je *l'avais pensé.—* » Je *ne crains pas* qu'il *vienne* (305). Je *doute* qu'il *écrive* (306). »

Remarque.

Après les verbes *craindre*, *trembler*, etc., on met **307** *ne pas* au lieu de *ne*, lorsqu'on désire que l'action exprimée par le second verbe s'accomplisse.

Ainsi, si l'on désire l'arrivée de la personne dont on parle, on dira : « je crains qu'elle *ne* vienne *pas.* »

Remarque sur les adverbes peu, beaucoup, combien.

308   On emploie quelquefois substantivement certains adverbes, tels que *peu*, *beaucoup*, *combien*, savoir : *peu*, lorsqu'il signifie une petite quantité, un petit nombre; *beaucoup*, lorsqu'il signifie une grande quantité, un grand nombre; *combien*, lorsqu'il signifie quelle quantité, quel nombre. Dans ce cas, *peu*, *beaucoup* et *combien* veulent un substantif après eux.

« *Peu de personnes* réfléchissent. — *Beaucoup d'hommes* s'a-
» busent. — *Combien de gens* sont malheureux par leur faute ! »

Adjectifs employés comme adverbes.

309   Certains adjectifs sont quelquefois employés comme adverbes.

Comme dans ces phrases : « Chanter *juste*, parler *bas*, voir
» *clair*, rester *court*, frapper *fort*, sentir *bon*. »

Locutions adverbiales.

On appelle *locution adverbiale* un adverbe composé de plusieurs mots.

310   Comme « *tout à-coup*, *sur-le-champ*, *à dessein*, *sans cesse*,
» *peu-à-peu*. »

CHAPITRE X.

DE LA PRÉPOSITION.

La préposition est un mot qui sert à exprimer un rapport entre le mot qui précède cette préposition et le mot qui la suit.

311   La *préposition* est un mot invariable, qui est toujours suivi d'un complément. La préposition, avec son complément, forme ce que l'on appelle *un complément indirect.*

Liste des prépositions les plus usitées.

A,	Depuis,	Hormis,	Sans,
Après,	Derrière,	Malgré,	Sauf,
Attendu,	Dès,	Moyennant,	Selon,
Avant,	Devant,	Nonobstant,	Sous,
Avec,	Durant,	Outre,	Suivant,
Chez,	En,	Par,	Sus,
Contre,	Entre;	Parmi,	Touchant,
Dans,	Envers,	Pendant,	Vers.
De	Excepté,	Pour,	

Locutions prépositives.

On appelle *locution prépositive* une préposition 313 composée de plusieurs mots.

Comme « *vis-à-vis*, *à cause de*, *près de*, etc. »

Liste des locutions prépositives les plus usitées.

A cause de,	Au delà de,	Jusqu'à,	
A travers,	De delà,	Jusques à,	314
Au travers de,	Par delà.	**Près de,**	
A l'égard de,	En deçà de,	Proche de.	
Au milieu de,	Par deçà,	Vis-à-vis de.	
Auprès de,	En face de,		
Autour de,	Hors de.		

CHAPITRE XI.

DE LA CONJONCTION.

La conjonction est un mot qui sert à lier entre elles les diverses parties d'une phrase.

La *conjonction* est un mot invariable.   315

Liste des conjonctions les plus usitées.

Ainsi,	Et,	Ou,	Quoique,	316
Car,	Lorsque,	Partant,	Si,	
Cependant,	Mais,	Pourtant,	Soit,	
Comme,	Néanmoins,	Puisque,	Sinon,	
Donc,	Ni,	Quand,	Toutefois,	
Enfin,	Or,	Que,	Tantôt (répété),	

Remarque sur les conjonctions et, ni.

La conjonction *et* sert à lier entre elles plusieurs parties semblables d'une phrase exprimant une affir- 317 mation.

Lorsque la phrase est négative, on emploie *ni* au lieu de *et*.   318

EXEMPLES.

« Les hommes *et* les chevaux, fatigués *et* mourant de faim, fu- » rent saisis par le froid, *et* restèrent sur le champ de bataille » (317). — Les hommes *ni* les chevaux ne pouvaient avancer. » — Les hommes et les chevaux ne pouvaient *ni* avancer, *ni* re-

» culer. — Je ne crois pas qu'il soit à l'école, *ni* qu'il étudie
» (318). »

Remarque sur la conjonction que.

PREMIÈREMENT.

319 On emploie la conjonction *que* après le comparatif.

Comme dans cette phrase : « Il est *plus* (ou *moins*, ou *aussi*)
» courageux *que* prudent. »

DEUXIÈMEMENT.

320 Elle sert aussi à joindre un verbe à un autre verbe
321 qui dépend du premier. Dans ce cas, elle veut le subjonctif ou l'indicatif, selon que le premier verbe
exprime un doute ou quelque chose de positif.

EXEMPLES.

« Je doute *que* Paul *soit* parti (320). — Je vous assure qu'il
» n'*est* pas arrivé (321). »

TROISIÈMEMENT.

322 On emploie aussi la conjonction *que* pour remplacer une autre conjonction déjà exprimée.

Comme dans cette phrase : « J'irai vous voir lorsque je saurai
» ma leçon, et *que* je l'aurai récitée. »

Locutions conjonctives.

324 On appelle *locution conjonctive* une conjonction
composée de plusieurs mots.

Comme « *afin que, vu que, tandis que, parce que*, etc. »

Remarque sur les locutions conjonctives.

325 Les locutions conjonctives veulent après elles un
verbe au subjonctif, chaque fois qu'elles ne sont pas
employées pour une conjonction simple.

Comme dans ces phrases : « Afin que vous *entendiez*;—pourvu
qu'il *vienne*; — à moins que vous ne *changiez* d'avis. »

CHAPITRE XII.

DE L'INTERJECTION.

326 L'*interjection* est un mot invariable qui sert à exprimer une affection soudaine de l'âme.

Comme « *la joie, la douleur, l'étonnement.* »

Liste des interjections les plus usitées.

Ha ! pour marquer la surprise.
Ah ! aie ! hélas ! pour marquer la douleur.   327
Oh ! ah ! pour marquer l'admiration.
Fi ! pour marquer l'aversion.
Paix ! chut ! pour imposer silence.
Holà ! pour appeler.
Hé bien ! pour interroger.

CHAPITRE XIII.

DE LA PHRASE.

La phrase est un assemblage de mots qui présentent 328
un sens complet.

Comme « *Dieu voit tout.* »

Division de la phrase.

La phrase se divise en autant de *propositions*, qu'elle 329
contient de verbes à un autre mode que l'infinitif.

Ainsi il y a trois propositions dans cette phrase :

    1   2   3

Dieu est juste;—il récompense les bons,—et punit les méchants.

Eléments de la proposition.

Chaque proposition se compose d'un sujet, d'un 330
verbe, et presque toujours d'un attribut.

EXEMPLE.

« *Dieu* (sujet) *est* (verbe) *juste* (attribut). »

Différentes sortes de propositions.

Il y a deux sortes de propositions, la proposition
principale et la proposition *incidente.*   331

La proposition *principale* est celle dont les autres 332
dépendent ; la proposition *incidente* est celle qui est
ajoutée à l'un des termes de la proposition *principale,*
pour en compléter la signification.

Ainsi il y a quatre propositions, dont deux principales, dans cette phrase :

1   2

« *L'homme qui aime la vertu,* — *est bien près de la pratiquer* ;

3   4

» *et celui qui la pratique* — *la trouve chaque jour plus aimable.* »

	prop. incid.
1ʳᵉ proposition principale.	« L'homme — *qui aime la vertu,* — » est bien près de la pratiquer ; »
	prop. incid.
2ᵉ proposition principale.	« Et celui — *qui la pratique,* — la » trouve chaque jour plus aimable. »

Du sujet.

Le sujet est le nom ou pronom qui est ou qui fait l'action exprimée par le verbe.

333 Il ne peut y avoir de sujet sans verbe.

Ainsi, dans cette phrase : « Votre maison est plus grande que » *la nôtre,* » on sous-entend *n'est grande*, et le pronom possessif *la nôtre* est sujet du verbe *est* sous-entendu.

334 Le sujet peut être exprimé, 1° par un ou plusieurs
substantifs ou pronoms ; 2° par un substantif accom-
335 pagné d'un adjectif, ou suivi d'un complément ou
336 d'une proposition incidente ; 3° par un infinitif avec ou
sans complément.

« *L'homme* est né pour la vertu ; mais *il* s'en éloigne trop sou-
» vent. — *La colère, l'orgueil et la paresse* sont de grands dé-
» fauts (334). — *L'homme studieux* vient à bout de tout. — *Le*
» *père de Paul* est satisfait de sa conduite. — *Celui qui néglige*
» *ses amis*, est bien près de les oublier (335). — *Servir son pays*
» est un devoir (336). »

Du verbe et de l'attribut.

Le verbe est le mot qui exprime l'état où se trouve le sujet ou l'action qu'il fait. L'attribut est ce qui exprime la manière d'être du sujet.

337 Il ne peut y avoir de verbe à un mode personnel ni d'attribut, sans un sujet exprimé ou sous-entendu.

Ainsi, dans ces phrases : « mon fils, *sois docile ;* — enfants,
» *écoutez-moi ;* » les pronoms *tu* et *vous* sont sous-entendus.

DEUXIÈMEMENT.

Quand l'attribut n'est pas renfermé dans le verbe, il peut être exprimé, 1° par un ou plusieurs substantifs ou pronoms ; 2° par un ou plusieurs adjectifs avec ou sans complément ; 3° par un substantif accompagné d'un adjectif, ou suivi d'un complément ou d'une proposition incidente ; 4° par un infinitif avec ou sans complément. 338 339 340 341

EXEMPLES.

« Ce monsieur est *mon père*.—Ces fleurs sont *des roses et des jasmins*. — Le chapeau qu'il porte est *le mien* (388). — La science est *utile à l'homme* (339).—Cet homme est *un honnête artisan de Paris, qui travaille beaucoup* (340). — Faire du bien, *c'est semer pour recueillir* (341). »

Complément de l'attribut verbe.

Le complément du verbe est le mot qui complète l'idée commencée par le verbe ; celui de l'attribut, les mots qui complètent l'attribut.

Quand l'attribut est renfermé dans le verbe, il est ordinairement suivi d'un complément direct ou indirect, et quelquefois de l'un et de l'autre. 342

Ce complément peut être exprimé, 1° par un ou plusieurs substantifs ou pronoms ; 2° par un substantif accompagné d'un adjectif, ou suivi d'un complément ou d'une proposition incidente ; 3° par un infinitif avec ou sans complément. 343 344 345

EXEMPLES.

« J'ai *étudié ma leçon*, et je *la* sais. — Pierre aime *l'étude et le travail* (333).—Le besoin rend *l'homme industrieux*.—Dieu récompense *l'homme de bien, qui remplit ses devoirs* (344).— Je voudrais *acquérir des connaissances*. — Il craint *de me déplaire* (*) (345). »

EXEMPLES.

« J'obéis *à mon père*, et je *lui* suis soumis.— Ne vous écartez jamais *de la raison ni de la justice* (343). — La vertu déplaît *aux hommes vicieux*.—Je me défie *de ceux qui sont du même avis que moi* (344).—On m'engage *à voyager* (345). »

Remarque.

Quelquefois le complément appartient à un mot sous-entendu. 346

_____

(*) Un verbe à l'infinitif, quoique précédé d'une préposition, est complément direct, chaque fois qu'il répond à la question *quoi?* Ex. : *il craint quoi? de déplaire*. Donc *déplaire* est régime direct de *craint*.

4.

Comme dans ces phrases : « toujours rire est *d'un fou*, » c'est-à-dire, *le propre d'un fou*. — « Un charlatan parut, et les badauds » *d'accourir*, » c'est-à-dire, *s'empressèrent* d'accourir. — « *La* » *tête* encore pleine des fumées de la gloire, je m'endormis , » *c'est-à-dire*, *ayant la tête encore pleine*, etc. — « La fourmi tra-» vaille *l'été*, » c'est-à-dire, *pendant l'été*. — « J'irai vous *voir*, » c'est-à-dire, *pour vous voir*. — « La classe finie, nous sortîmes, » c'est-à-dire, *après la classe finie*.

Du nom ou pronom mis en apostrophe.

347   Quand on adresse la parole à quelqu'un, il arrive souvent que l'on met en apostrophe le nom ou pronom qui représente cette personne. Ce nom ou pronom n'est alors ni sujet ni complément, mais en apostrophe.

EXEMPLES.

« *Enfants*, soyez dociles. — *O vous* qui êtes jeunes , moisson-» nez pour l'avenir. — *Eugène*, viens ici. »

Equivoques (*).

348   Dans la construction des phrases, il faut éviter les équivoques. Or, il y a équivoque, 1º chaque fois que
349   l'on emploie des mots à double sens; 2º quand le pronom relatif ne suit pas immédiatement son antécé-
350   dent; 3º quand le sens n'indique pas clairement à quel nom se rapporte un adjectif ou un pronom; 4º quand
351   on retranche un mot qui est nécessaire à l'intelligence de la phrase (**).

EXEMPLE.

Ainsi, ne dites pas : « le plus grand *des plaisirs* est pour moi » d'étudier , » parce qu'on pourrait croire que vous dites *déplaisir*. Mais dites : « le plus grand *plaisir* est pour moi d'étudier. »

AUTRE EXEMPLE.

Ne dites pas non plus : « Paul rencontra Pierre avec son chien, » qui étudiait sa grammaire; et comme il aboyait, il le frappa. » Mais dites : « Paul , ayant rencontré Pierre qui étudiait sa gram-

---

(*) On appelle *équivoque* toute façon de parler qui présente un double sens, ou qui peut être interprétée de différentes manières.

(**) Ce retranchement d'un ou de plusieurs mots se nomme *ellipse*. *L'ellipse* est permise, chaque fois qu'elle ne nuit pas à la clarté de la phrase, ou qu'elle ne déroge pas aux principes grammaticaux ; elle est vicieuse dans tout autre cas.

» maire, accompagné de son chien qui aboyait, frappa cet
» animal. »

AUTRE EXEMPLE.

De même, il ne faut pas dire : « j'ai trouvé *ces femmes* au mi-
» lieu des campagnes *éplorées.* » Mais on doit dire : « j'ai trouvé
» au milieu des campagnes *ces femmes éplorées.* »

AUTRE EXEMPLE.

De même, ne dites pas : « je fais plus de cas de la vertu que de
» la beauté, quoiqu'*elle* soit bien enviée, » parce qu'on ne sait
pas si *elle* se rapporte à *vertu* ou à *beauté.*

Pléonasme (*).

Dans la construction des phrases, il faut éviter aussi 352
certains pléonasmes vicieux.

Ainsi, il ne faut pas dire : « je vais monter *en haut.* — Je vais
» descendre *en bas.* — Il faut s'entr'aider *mutuellement.* — J'ai
» mal à *ma* tête.—Une bûche *de bois.* »
Mais il faut dire : « je vais monter. — Je vais descendre. — Il
» faut s'entr'aider.—J'ai mal à *la* tête.—Une bûche. »

CHAPITRE XIV.

DE LA PONCTUATION.

La *ponctuation* sert à faire distinguer les différentes 353
parties dont une phrase est composée, et à marquer
les pauses que l'on doit faire en lisant.

Signes de la ponctuation.

Les signes de la ponctuation sont la *virgule* (,), le 354
point-virgule (;), les *deux points* (:), le *point* (.),
le *point interrogatif* (?), le *point exclamatif* (!), la
parenthèse ( ), les *guillemets* (») et le *tiret* ou *trait de
séparation* (—).

Virgule.

1° La *virgule* s'emploie pour séparer plusieurs

(*) On entend par *pléonasme* l'emploi d'un mot qui n'ajoute rien
au sens de la phrase, et qui par conséquent est superflu.

355 nom, ou plusieurs adjectifs, ou plusieurs verbes ou adverbes qui se suivent, ou, enfin, pour séparer plusieurs parties semblables d'une même phrase ; 2° elle
356 se met avant et après les noms et les pronoms mis en apostrophe, et toute réunion de mots que l'on peut supprimer sans dénaturer le sens de la phrase ; 3° enfin elle se met entre les propositions de peu d'étendue.

EXEMPLES.

» J'ai porté mon courroux, ma honte, mes regrets,
» Dans les sables mouvants, dans le fond des forêts. »
« Soyez bienfaisant, juste, généreux, sincère. »
« L'attelage soufflait, suait, était rendu (355). »
« Méritez, mes enfants, l'estime de vos semblables. »
« Dieu, qui voit tout, ne laisse pas le crime impuni (356). »
« La véritable piété élève l'esprit, ennoblit le cœur, affermit le
» courage (357). »

Point-virgule.

358 Le *point-virgule* se met, 1° entre les différentes propositions d'une phrase, quand ces propositions ont une certaine étendue ; 2° après les propositions qui
359 ont un sens complet, quand elles sont suivies d'une autre proposition qui en dépend.

EXEMPLES.

« Tout est perdu pour toi ; tes tyrans sont vainqueurs.
» Ton supplice est tout prêt ; si tu ne fuis, je meurs (358). »
» Pars, ne perds point de temps ; prends ce soldat pour guide
» (359). »

Deux-points.

360 Les *deux points* se mettent, 1° après une proposition qui annonce une citation ou des détails ; 2° après
361 une proposition suivie d'une autre qui sert à l'étendre ou à l'éclaircir.

EXEMPLES.

« Certain proverbe dit : Nul n'est prophète en son pays. —
» J'aime à trouver dans les enfants trois qualités : la docilité,
» l'intelligence, et l'amour du travail (360). —Les ambitieux sont
» malheureux : rien ne saurait les satisfaire (361). »

Point.

362 Le *point* se met à la fin des phrases dont le sens est complet.

« Chassez le naturel, il revient au galop. »

Point interrogatif.

Le *point interrogatif* se met à la fin des phrases qui 363 expriment une interrogation.

EXEMPLE.

« Voulez-vous être heureux ? Soyez honnête homme. »

Point exclamatif.

Le *point exclamatif* se met à la fin des phrases qui 364 expriment la surprise, l'admiration, la joie, la terreur.

EXEMPLES.

« Qu'il est doux d'obliger ses amis ! — Que vois-je ! — Que je
» suis aise ! »

Parenthèse.

On appelle ainsi deux petits crochets dans lesquels 365 on renferme un ou plusieurs mots qui expriment une idée ou une réflexion étrangère à la phrase, et qui souvent servent à son éclaircissement.

EXEMPLE.

« La beauté (soit dit entre nous) ne vaut pas le prix qu'on y
» attache. »

Guillemets.

Les *guillemets* se mettent au commencement et à la 366 fin d'une citation, et souvent même au commencement de chaque ligne de cette citation. Ils servent à avertir le lecteur que ce qu'il lit est une citation.

EXEMPLE.

« Un célèbre moraliste a dit : « L'amour-propre est le plus
» grand de tous les flatteurs. »

Tiret ou *trait de séparation.*

L'usage ordinaire du *tiret* est de marquer le chan- 367 gement d'interlocuteur dans un dialogue.

EXEMPLES.

« Où as-tu mis ton argent, Eugène ? — Je l'ai donné, mon
» père. — Et à qui, mon fils ? — A un méchant petit garçon. —
» Pour qu'il devînt meilleur, sans doute ? — Oui, mon père. »

Remarque.

On emploie quelquefois aussi le *tiret* pour séparer 368 deux phrases qui n'ont aucun rapport entre elles. Tel est l'usage qu'on en fait dans cette grammaire.

CHAPITRE XV.

REMARQUES SUR CHAQUE ESPÈCE DE MOTS.

Noms propres.

369 Les noms propres commencent toujours par une majuscule, et ne prennent pas la marque du pluriel.

Ainsi, on écrit avec une majuscule et sans *s* finale : « *les deux* » *Corneille , les Lamoignon , les Turenne , les frères Faucher,* » *les Messieurs Durand.* »

Remarque.

370 Mais, si ces noms propres sont employés comme *noms communs,* c'est-à-dire pour désigner des personnes semblables à celles qui portent ces noms, ils prennent la marque du pluriel.

EXEMPLES.

« Chaque siècle ne produit pas des *Césars , des Buffons,* des » *Napoléons,* » c'est-à-dire, des hommes semblables à *César,* à *Buffon,* à *Napoléon.*

Noms composés.

371 Les noms composés sont ceux qui sont formés de plusieurs mots unis entre eux par un trait d'union.

Comme « *chef-d'œuvre, ciel-de-lit, chef-lieu.* »

Noms composés de deux noms.

372 Quand un nom composé est formé de deux noms, ces noms prennent l'un et l'autre la marque du pluriel.

Comme « un *chef-lieu,* des *chefs-lieux.* »

Noms composés d'un nom et d'un adjectif.

373 Quand un nom composé est formé d'un nom et d'un adjectif, l'un et l'autre prennent également la marque du pluriel.

Comme « un *cerf-volant,* des *cerfs-volants ;* un *chat-huant,* » des *chats-huants.* »

Noms composés de deux nom et d'une préposition.

Quand un nom composé est formé de deux noms 374 unis par une préposition, le premier de ces noms prend seul la marque du pluriel.

Comme « un *arc-en-ciel*, des *arcs-en-ciel*; un *chef-d'œuvre*, » des *chefs-d'œuvre*. »

Noms composés d'un nom joint à un verbe, ou à une préposition, ou à un adverbe.

Quand un nom composé est formé d'un nom joint 375 à un verbe, ou à une préposition, ou à un adverbe, le nom seul prend la marque du pluriel.

Comme « un *avant-coureur*, des *avant-coureurs*; un *passe-* » *port*, des *passe-ports*. »

Exception.

Cependant, quand l'idée de pluralité ne s'applique 376 pas au nom, ce nom reste invariable.

Comme « un *réveil-matin*, des *réveil-matin* (c'est-à-dire, des » horloges qui réveillent le matin); un *abat-jour*, des *abat-* » *jour* (c'est-à-dire, des fenêtres qui abattent le jour, qui le font » venir d'en haut). »

Noms collectifs.

On appelle *collectifs* certains noms qui, quoiqu'au singulier, expriment plusieurs objets.

Les noms collectifs sont *généraux*, quand ils ex- 377 priment la totalité des objets d'une même nature; ils sont *partitifs*, quand ils n'expriment qu'une partie 378 plus ou moins grande de ces mêmes objets.

EXEMPLES ET DÉVELOPPEMENTS.

Ainsi, dans ces mots : « *l'armée* des Russes ; — *la foule* des » mécontents (377); » les noms *armée* et *foule* sont des collectifs généraux, parce qu'ils expriment la totalité des objets dont on parle. Dans ces autres mots : « *une troupe* de brigands ; — *une* » *foule* de mécontents ; — *la moitié* ou *la plupart* des hommes » (378); » les noms *troupe, foule, la moitié, la plupart*, sont des collectifs partitifs, parce qu'ils n'expriment qu'une partie de ces mêmes objets.

Remarque sur les adverbes peu, beaucoup, combien.

Les adverbes *peu, beaucoup, combien*, employés 379 substantivement (308), sont aussi considérés comme des collectifs partitifs.

Comme dans ces mots : « *peu* de personnes, *beaucoup* de per-
» sonnes, *combien* de personnes. »

Règles concernant les noms collectifs.

380   1º Si le sujet d'une proposition est un nom collectif
général, le verbe et l'attribut s'accordent avec ce col-
381 lectif ; 2º si le sujet est un collectif partitif, le verbe
et l'attribut s'accordent avec le nom qui suit ce collectif.

EXEMPLES.

« La foule des mécontents se *dispersa*. — L'armée de Russes
» *était immobile* (380). — Une foule de soldats *périrent* dans cette
» campagne. — La plupart des hommes *naissent bons*. — Peu
» d'enfants *sont attentifs* (381). »

Genre de quelques noms.

Aigle.

382   *Aigle*, oiseau, est masculin ; *aigle*, armoirie, est féminin.

Couple.

383   *Couple* , signifiant *le mari et la femme*, est masculin ; *couple*, signifiant *une paire*, est féminin.

Délices.

384   *Délice* est masculin au singulier, féminin au pluriel.

Enfant.

385   *Enfant* est masculin , quand il désigne un garçon ;
il est féminin quand il désigne une fille.

Exemple.

386   *Exemple* est toujours masculin, excepté lorsqu'il
signifie *un modèle d'écriture.*

Garde.

387   *Garde* est masculin, quand il signifie un homme
dont la fonction est de garder ; il est féminin, au contraire, quand il s'applique à une réunion d'hommes, et
quand il signifie l'action de garder.

Gens.

388   *Gens* veut au féminin l'adjectif qui le précède, et au
masculin l'adjectif qui le suit. Cependant *tout*, placé
389 devant *gens*, se met au masculin, lorsqu'il est seul, ou
lorsqu'il est suivi d'un adjectif qui n'a qu'une seule
terminaison pour les deux genres.

EXEMPLES.

« *Les vieilles gens sont exigeants* (388) ; — *tous les gens de*
» *bien ;* — *tous les honnêtes gens* (389). »

Hymne.

Hymne, chant d'église, est féminin ; *hymne*, poème, 390
est masculin.

Orgue.

Orgue est masculin au singulier, féminin au pluriel. 391

Personne.

Personne, employé comme nom, est féminin ; *per-* 392
sonne, employé comme pronom, est masculin. 393

EXEMPLES.

« Cette *personne* est belle (392) ; — *personne* n'est plus heu-
» reux que lui (393). »

Article.

PREMIÈREMENT.

Quand un nom   est précédé d'un adjectif qui le 394
qualifie, on met l'article devant l'adjectif.

Comme dans ces mots : « *le* méchant homme ; — *la* jolie fleur ;
» — *les* beaux jardins. »

DEUXIÈMEMENT.

Quand plusieurs noms sont unis entre eux par une 395
conjonction, on répète devant chaque nom l'article
ou l'adjectif déterminatif qui précède le premier de
ces noms.

EXEMPLES.

« *Les* artisans et *les* laboureurs (et non *les* artisans et labou-
» reurs).— *Ces* livres et *ces* tableaux (et non *ces* livres et tableaux).
» *Mes* prés et *mes* vignes (et non *mes* prés et vignes). »

TROISIÈMEMENT.

Quand plusieurs adjectifs, unis par une conjonction, 396
et se rapportant à un même nom , qualifient néanmoins des objets différents, on répète l'article devant
chacun de ces adjectifs.

EXEMPLES AVEC DÉVELOPPEMENTS.

Ainsi l'on dira : « *les* grands et *les* petits arbres que nous avons
» taillés (et non *les grands* et *petits* arbres), » parce que les adjectifs *grands* et *petits* qualifient des arbres différents. Au contraire, on devra dire : « *la courte* et *utile* leçon que vous m'avez

» donnée, » parce qu'ici les adjectifs *courte* et *utile* se rapportent à la même leçon.

Le, la, les, devant un nom partitif.

PREMIÈREMENT.

397   Lorsqu'un nom est pris dans un sens partitif, c'est-à-dire lorsqu'il est employé pour désigner seulement une portion de l'objet qu'il représente, on fait précéder l'article de la préposition *de*.

EXEMPLES AVEC DÉVELOPPEMENTS.

« Cet homme a *de l'esprit, de la fermeté, du courage,* » c'est-à-dire, *une portion* plus ou moins grande d'esprit, de fermeté, de courage. — « Il m'a témoigné *de l'amitié, de la joie, du regret,* » c'est-à-dire, *quelque amitié,* etc. — « Il y a *des hommes* qui agis-
» sent sans réflexion, » c'est-à-dire, *une portion* des hommes.

DEUXIÈMEMENT.

398   Lorsqu'un nom, pris dans un sens partitif, est précédé d'un adjectif, on supprime l'article *le, la, les.*

EXEMPLES.

« Cette bibliothèque contient *de bons livres* (et non *des bons*
» *livres*). — J'ai bu *de bon vin* (et non *du bon vin*). — J'ai mangé
» *de bonne viande* (et non *de la bonne viande*). »

Adjectifs qualificatifs.

Témoin, auteur.

399   Les adjectifs *témoin, auteur,* s'emploient toujours au masculin, soit que l'on parle d'un homme ou d'une femme.

Chatain, fat. dispos.

400   Les adjectifs *chatain, fat, dispos,* ne s'emploient pas au féminin.

Nu, demi.

401
402   Les adjectifs *nu, demi,* placés devant un nom, sont invariables; placés après le nom, *nu* en prend le genre et le nombre, *demi* en prend seulement le genre.

Ainsi, l'on écrit : « *nu-tête,* — *une demi-heure* (401). — *Tête*
» *nue, pieds nus;* — *deux heures et demie* (402). »

Homme GRAND. — GRAND homme.

403   Un homme *grand* est un homme d'une grande taille; un *grand* homme est un homme qui s'est rendu célèbre par de belles actions ou par de grandes qualités.

Homme HONNÊTE. — HONNÊTE *homme.*

Un homme *honnête* est un homme poli ; un *honnête* homme est un homme probe. 404

Homme PAUVRE. — PAUVRE *homme.*

Un homme *pauvre* est un homme qui est dans la pauvreté ; un *pauvre* homme est un homme de peu de mérite. 405

Adjectifs dont le positif équivaut à un comparatif ou à un superlatif.

Certains adjectifs, dont le positif équivaut à un comparatif ou à un superlatif, ne peuvent être employés pour cette raison qu'au positif. 406

Tels sont les adjectifs *excellent, immense, extrême, suprême, supérieur, inférieur, postérieur, antérieur,* etc.

Ainsi, ce serait une faute de dire : « c'est *le plus excellent* » homme que je connaisse. » Il faut dire : « c'est un *excellent* » homme, » ou « c'est l'homme *le meilleur* que je connaisse. »

Adjectifs numéraux.

On emploie les adjectifs numéraux-cardinaux au lieu des adjectifs numéraux-ordinaux, pour exprimer les dates ou l'ordre généalogique des souverains. 407

Comme dans ces mots : « l'an *mil huit cent trente ; —* le *dix* » juin ; — Louis *douze.*

Vingt et *cent.*

Les adjectifs *vingt* et *cent* prennent une s finale, lorsqu'ils sont précédés de l'un des adjectifs numéraux *deux, trois, quatre, cinq, six, sept, huit, neuf,* et qu'ils ne sont pas suivis d'un autre adjectif numéral. 408

EXEMPLES ET DÉVELOPPEMENTS.

Ainsi, l'on écrit avec une s finale, « *quatre-vingts* hommes, » — *six cents* chevaux ; — j'en ai compté *quatre cents.* » Mais on écrit sans s, « *deux cent soixante* hommes ; — *quatre-vingt-* » *cinq* chevaux, » parce qu'ici *cent* et *vingt* sont suivis d'un adjectif numéral.

Mille.

1º *Mille,* exprimant le nombre *dix fois cent,* est invariable ; 2º employé pour exprimer la date des années, il s'écrit *mil ;* 3º enfin *mille,* exprimant une mesure de distance, est nom., et prend une s au pluriel. 409 410 411

« Trois *mille* francs (409). — L'an *mil* huit cent trente (410).
» — Il faut à peu près trois *milles* d'Allemagne pour une lieue
» de France (411). »

Adjectifs possessifs.

442　On emploie le pronom *en* au lieu des adjectifs *son*,
sa, *ses*, *leur*, *leurs*, pour représenter un nom de chose,
à moins que ce nom ne se trouve dans la même proposition.

Ainsi, l'on dira bien : « Le Seine a sa source en Bourgogne. »
Mais il faudra dire : « Paris est beau, j'*en* admire les édifices (et
» non *j'admire* SES *édifices*). — J'ai côtoyé la Moselle, les rives
» *en* sont belles (et non *ses rives sont belles*). »

Adjectifs indéfinis.

Nul, aucun, chaque.

413　Les adjectifs indéfinis *nul*, *aucun*, *chaque*, ne s'emploient jamais au pluriel, excepté quand ils sont joints
à un nom qui n'a point de singulier.

Ainsi, on ne doit pas dire : « *nuls* hommes, *chaques* femmes » :
mais on dira bien : « *nulles* entrailles, *aucuns* frais. »

Même, adjectif.

414　*Même* est adjectif et s'accorde, lorsqu'il précède un
nom, ou lorsqu'il est placé après un pronom ou un
seul nom.

Comme dans ces phrases : « ces deux frères ont les *mêmes* ha-
» bitudes. — Ils en conviennent eux-*mêmes*. — Les étrangers
» *mêmes* s'en aperçoivent. »

Même, adverbe.

415　*Même* est adverbe et invariable, lorsqu'il est joint à
un verbe ou à un adjectif, et lorsqu'il est placé après
plusieurs noms.

Comme dans ces phrases : « non content de nous gronder, il
» nous a *même* battus. — Ils ont commis des fautes énormes,
» *même* impardonnables.— Mes prières, mes larmes *même* n'ont
» pu l'attendrir. »

Quelque.

416　*Quelque* est adjectif ou adverbe, et s'écrit de trois
manières.

PREMIÈREMENT.

· *Quelque* est adjectif, et s'écrit en un seul mot, 416
quand il est suivi d'un nom. Il s'accorde alors avec
le nom.

Comme dans ces mots : « *quelques* hommes pensent. — *Quel-*
» *ques* progrès que vous fassiez. »

DEUXIÈMEMENT.

Placé devant un verbe, il s'écrit en deux mots (*quel* 417
que), et alors *quel* est adjectif et s'accorde, *que* est
conjonction, et reste invariable.

Comme dans cette phrase : « *quels que* soient vos talents,
» *quelles que* soient vos richesses, vous ne devez pas vous enor-
» gueillir. »

TROISIÈMEMENT.

Quelque est adverbe, quand il est suivi d'un adjec- 418
tif, ou d'un participe, ou d'un adverbe ; il s'écrit alors
en un seul mot, et reste invariable.

Comme dans ces mots : « *quelque* sages, *quelque* respectées
» que soient ces dames, — *quelque* sagement qu'elles agissent. »

Tout, adjectif.

Tout est adjectif, et s'accorde en genre et en nom- 419
bre, lorsqu'il qualifie un nom ou un pronom.

Comme dans ces mots : « *tous* les hommes. — *Toute* âme bien
» née. — Je les ai vus *tous*. »

Tout, adverbe.

· *Tout* est adverbe et invariable, lorsqu'il est joint à 420
un adjectif ou à un adverbe, parce qu'alors il signifie
tout-à-fait, *quelque*.

Comme dans ces mots : « ils sont *tout* stupéfaits (c'est-à-dire,
'» *tout-à-fait* stupéfaits). — *Tout* bonnement (c'est-à-dire, *tout-*
» *à-fait* bonnement). — *Tout* effrayées qu'elles étaient (c'est-à-
» dire, *quelque* effrayées qu'elles fussent). »

Exception.

Tout, quoique adverbe, s'accorde par euphonie, 421
quand il est joint à un adjectif féminin qui commence
par une consonne ou une *h* aspirée.

Comme dans ces mots : « elle est *toute* rayonnante : — *toutes*
» honteuses qu'elles étaient. »

Pronoms.

422 Sauf de rares exceptions (424), les pronoms ne doivent pas représenter un nom commun qui n'est pas déterminé par l'article ou par un adjectif déterminatif.

EXEMPLES.

Ainsi, il ne faut pas dire : « il a demandé *pardon*, et *l'*a obtenu ; — il me reçut avec *froideur*, *qui* me surprit. » Mais on dira bien : « il a demandé *son* pardon, et *l'*a obtenu ; — il me reçut avec *une* froideur qui me surprit. »

Pronoms personnels. — Le, la, les.

Les pronoms *le*, *la*, *les*, peuvent tenir la place d'un nom ou d'un adjectif.

PREMIÈREMENT.

423 *Le*, tenant la place d'un nom ou d'un adjectif employé substantivement (*), c'est-à-dire, qualifiant un nom sous-entendu, prend le genre et le nombre du nom ou de l'adjectif qu'il représente.

EXEMPLES AVEC DÉVELOPPEMENTS.

« Êtes-vous la mère de cet enfant? Je *la* suis. —Je cherche Pierre et Paul; êtes-vous ces hommes? Nous *les* sommes. — Êtes-vous la malade? Je *la* suis. »

Dans ce dernier exemple, l'adjectif *malade* est employé nominativement, parce qu'il qualifie le nom *femme* sous-entendu. C'est comme si l'on disait, « êtes-vous la *femme* malade? »

DEUXIÈMEMENT.

424 Le pronom *le* est invariable, quand il tient la place d'un adjectif ou d'un nom employé *adjectivement*, c'est-à-dire, employé dans un sens déterminé, pour qualifier un autre nom.

EXEMPLES AVEC DÉVELOPPEMENTS.

« Madame, êtes-vous malade? Je *le* suis. — Êtes-vous mère ? Je *le* suis. — Messieurs, êtes-vous hommes ? Nous *le* sommes. »

Ici les noms *mère et hommes* sont employés comme adjectifs, parce que le sens n'en est pas déterminé, et que leur fonction est uniquement de qualifier le pronom personnel *vous*.

Soi.

425 Le pronom *soi* ne s'emploie qu'après un mot vague,

(*) On reconnaît qu'un adjectif est employé substantivement, lorsqu'il est précédé de l'article *le, la, les*.

comme les pronoms indéfinis. Dans tout autre cas, on emploie *lui* ou *elle* au lieu de *soi*.

Ainsi, l'on dira bien : « on ne doit jamais parler de *soi* ; — » chacun songe à *soi*. » Mais il faut dire : « cet homme ne songe » qu'à *lui*. — Cette femme parle d'*elle*. » **426**

Lui, leur, eux, elles.

Les pronoms *lui, leur, eux, elles*, ne peuvent être employés comme complément, pour représenter des choses inanimées; on les remplace alors par les pronoms *le, la, les, en, y*.

EXEMPLES.

« Ce livre est-il le vôtre ? oui, ce l'est (et non *c'est lui*). — Ces » livres sont-ils les vôtres ? ce *les* sont (et non *ce sont eux*). — » Cette forêt n'est pas sûre, éloignez-vous-*en* (et non *éloignez-* » *vous d'elle*). — Cette rivière est dangereuse, ou ces rivières sont » dangereuses ; ne vous *y* fiez pas (et non *ne vous fiez pas à elle* » *ou à elles*). »

Pronoms démonstratifs. — *Celui-ci, celui-là, ceci, cela.* **427**

Les pronoms *celui-ci, celle-ci, ceci*, servent à désigner la personne ou la chose qui est la plus proche, ou dont on a parlé en dernier lieu. **428**

Celui-là, celle-là, cela, servent à désigner la personne ou la chose qui est la plus éloignée, ou dont on a parlé en premier lieu.

EXEMPLES.

« Combien le travail est préférable à l'oisiveté ? *celle-ci* produit « la misère, *celui-là* procure l'aisance et le bonheur. — Faites » *ceci* (la chose la plus proche) ; moi, je ferai *cela* (la chose la » plus éloignée). »

Ce. **429**

Ce, devant le verbe *être*, veut ce verbe au singulier, excepté quand il est suivi de la troisième personne plurielle.

Ainsi, l'on dit : « *c'est* moi, *c'est* toi, *c'est* lui, *c'est* nous, *c'est* » vous ; » mais il faut dire : « ce *sont* eux, ce *sont* elles, ce *sont* » vos ancêtres qui ont bâti cette maison. »

Pronoms possessifs.

Les pronoms possessifs ne peuvent représenter un nom qui n'a pas encore été exprimé. **430**

Ainsi, l'on ne doit pas commencer une lettre par ces mots : » j'ai reçu la vôtre. »

Pronoms relatifs. — Qui, que, dont, etc.

PREMIÈREMENT.

431   *Qui*, complément d'une préposition, ne se dit jamais des choses, mais seulement des personnes.

Ainsi, on ne doit pas dire : « les sciences *à qui* je m'applique, » mais *auxquelles* je m'applique. »

DEUXIÈMEMENT.

432   *Que* est toujours complément d'un verbe. *Dont*, et tout pronom relatif joint à une préposition, peut être complément d'un verbe ou d'un adjectif ; *dont* peut être en outre complément d'un nom.

EXEMPLES AVEC DÉVELOPPEMENTS.

« L'homme *que* vous avez obligé, est reconnaissant. — Cet en-
» fant, *à qui* vous enseignez la grammaire, et *dont* vous blâmez
» l'indocilité, a promis de se corriger des défauts *auxquels* il est
» enclin. » Dans le premier exemple, *que* est complément du
verbe *avez obligé ;* dans le second exemple, *à qui* est complément
du verbe *enseignez, dont* est complément du nom *indocilité, auxquelles* est complément de l'adjectif *enclin.*

Pronoms indéfinis. — Chacun.

433   1o *Chacun*, précédé d'un pluriel, doit être suivi de *son, sa, ses*, quand il est placé après le complément direct, ou que le verbe n'a point de complément di-
434 rect ; 2o *chacun* doit être suivi de *leur, leurs*, lorsqu'il est placé avant ce complément direct.

EXEMPLES.

« Ces enfants ont obtenu des récompenses, *chacun* selon ses
» œuvres. — Ils ont été traités, *chacun* selon son mérite (433).
— Ces hommes ont fait *chacun* leur devoir (434). »

L'un et l'autre, l'un l'autre ; tous les deux, tous deux.

435   1o On emploie *l'un et l'autre, les uns et les autres, tous les deux*, lorsque les objets dont on parle sont étrangers l'un à l'autre ; 2o on emploie *l'un l'autre,*
436 *les uns les autres, tous deux*, lorsqu'il y a réciprocité entre ces objets.

EXEMPLES.

« Le chat et le chien sont *l'un et l'autre* des animaux domes-
» tiques (435), ce qui n'empêche pas qu'ils ne se haïssent *l'un*
» *l'autre* (436). — Ils chantent bien *tous les deux* (435) ; ils s'ai-
» ment *tous deux* comme des frères (436). »

Manière de conjuguer les verbes interrogativement.

Pour conjuguer un verbe interrogativement, il suffit 437
de mettre le pronom après le verbe, et de lier ces
deux mots par un trait d'union. Dans les temps composés, le pronom se met après l'auxiliaire.

EXEMPLES.

» Entends-*je*, dors-*tu*, avez-*vous* fini ? »

1 *remarque. — Locution inusitée.*

Les verbes qui n'ont qu'une syllabe à la première 438
personne du présent de l'indicatif, ne peuvent être
conjugués interrogativement à cette première personne.

Ainsi, l'on ne peut pas dire : « *rends-je, dors-je, cours-je,* etc.?
On emploie alors un autre tour de phrase, et l'on dit : « *est-ce*
» *que* je rends ? *est-ce que* je dors? »

Cependant l'usage permet de dire : « *ai-je? suis-je? vais-je?*
» *dis-je? fais-je? dois-je?* »

2e *remarque. — E muet remplacé par par un é fermé.*

Quand on conjugue interrogativement, et que le
verbe finit par un *e* muet au présent de l'indicatif, 439
on remplace cet *e* muet par un *é* fermé devant le pronom *je.*

Comme « *aimé-je? chanté-je? rêvé-je?* »

3e *remarque. — Emploi du t euphonique.*

Quand le verbe finit par une voyelle, et qu'il est
suivi d'un des pronoms *on, il, elle,* on place entre ce 440
verbe et ce pronom un *t* euphonique (*), précédé et
suivi d'un trait d'union.

Comme « *viendra-t-il? — étudie-t-elle? — aime-t-on* les pares-
» seux? »

Autre emploi des lettres euphoniques.

Quand un verbe à l'impératif finit par un *e* muet, et
qu'il a pour régime un des pronoms *en* ou *y*, on 441
ajoute à ce verbe une *s* euphonique.

Comme « *apporte-s-en; songe-s-y.* »

L'impératif *va*, suivi du pronom *y*, prend une *s* euphonique; il prend un *t*, s'il est suivi du pronom *en.*

Comme « *va-s-y ; va-t-en.* » 442

_____

(*) On appelle *euphonique* une lettre qui est ajoutée, pour rendre
la prononciation plus agréable.

5

Remarque sur certains verbes neutres.

443 Quelques verbes sont tantôt actifs et tantôt neutres.

444 Ces verbes se conjuguent avec le verbe *avoir*, lorsqu'ils sont actifs, ou lorsqu'ils expriment une action ; ils se conjuguent avec le verbe *être*, quand ils expriment un état.

Tels sont les verbes *monter, descendre, rentrer, sortir, rajeunir, vieillir, baisser, déborder, hausser, cesser, passer.*

EXEMPLES.

« J'ai *passé* la rivière à la nage. — Un courtier *a passé* hier
» ici (443). — L'orage *est passé* (444). — Ma sœur *a descendu* ce
» matin (443). — Elle *est descendue* depuis un moment (444). »

445 *Remarque sur les verbes* valoir, coûter.

446 Les verbes *valoir, coûter,* sont actifs, le premier lorsqu'il signifie *procurer ;* le second, lorsqu'il signifie *occasionner*. Dans tout autre cas, ils sont neutres, et ne peuvent avoir de complément direct.

« Les éloges et les honneurs que cela m'*a valus* (c'est-à-dire,
» *procurés*). — Les démarches que cette affaire m'*a coûtées*
» (c'est-à-dire, *occasionées* (445). — La somme que cet habit *a*
» *valu* ou *a coûté* (446). »

447 *Remarque sur le verbe* convenir.

448 *Convenir*, signifiant *être convenable*, se conjugue avec le verbe *avoir ; convenir*, signifiant *demeurer d'accord, faire une convention*, se conjugue avec le verbe *être*.

EXEMPLES.

« Cette maison m'*a convenu* (447) ; et je *suis convenu* de prix
» (448). »

Remarque sur le verbe demeurer.

449 *Demeurer* se conjugue avec le verbe *avoir*, quand il signifie faire sa demeure Dans tout autre cas, il se
450 conjugue avec le verbe *être*.

EXEMPLES.

« Il *a demeuré* trois ans à Paris (440). — Trois cents hommes
» *sont demeurés* sur le champ de bataille (450). »

Remarque sur le verbe expirer.

451 *Expirer* se conjugue avec le verbe *avoir*, quand il se dit des personnes ; il se conjugue avec le verbe
452 *être*, quand il se dit des choses.

EXEMPLE.

« Cet homme *a expiré* ce matin (451). — Le délai convenu *est*
» *expiré* (452). »

Remarque sur le verbe échapper.

Échapper se conjugue avec le verbe *être*, quand il   453
exprime une action faite par inadvertance, et quand il
est employé pronominalement. Il se conjugue avec le   454
verbe *avoir* dans toutes ses autres acceptions.

EXEMPLES.

« Ce mot m'*est échappé*. — Il *s'est échappé* de prison (453).
» — Il *a échappé* au danger (454). »

Remarque sur ces mots avoir l'air.

L'adjectif qui suit ces mots *avoir l'air*, s'accorde
avec *air*, quand ce mot peut être remplacé par *main-*   455
tien, *extérieur;* sinon il s'accorde avec le sujet du
verbe.   456

EXEMPLES.

Ainsi, l'on dit bien : « cette dame *a l'air majestueux, décent,*»
c'est-à-dire, *le maintien* majestueux, décent (455). Mais il faudra
dire : « cette table *a l'air chancelante;* — cette compote *a l'air*
» *bonne* (456); » parce qu'ici *air* ne peut être remplacé par *main-*
tien, *extérieur*.

Adverbes.

Plus.

Plus est adverbe ou préposition. *Plus*, adverbe,   457
n'a pas de complément; *plus*, préposition, a un complément.   458

EXEMPLES.

« Je ne mens *plus* (457). — Je n'ai *plus* de chagrin (458). »
Dans le premier exemple, *plus* est adverbe; dans le second, il est
préposition.

Que.

Que, signifiant *seulement* ou *combien*, est adverbe.   459
Que, signifiant *combien*, peut être employé comme
collectif partitif (378).   460

EXEMPLES.

« Je n'ai *que* cette chambre à vous offrir. — *Que* vous me sur-
» prenez (459)! — *Que de gens* négligent leurs devoirs (460).

Dedans, dehors.

Dedans, *dehors*, *dessus*, *dessous*, *à l'entour*, *aupa-*   461 *ravant, davantage*, étant toujours adverbes, ne peuvent avoir de complément.

Il ne faut donc pas dire : « *dedans* ma chambre ; — *dehors* du
» lit ; *dessus* la table ; — *dessous* un arbre ; — *à l'entour* du jar-
» din ; — *auparavant* lui ; — *auparavant* de venir ; — j'en ai
» *davantage que* vous. » Mais il faut dire : « *dans* ma chambre ;
» — *hors* du lit ; — *sur* la table ; — *sous* un arbre ; — *autour*
» du jardin ; — *avant* lui ; — *avant* de venir ; — j'en ai *plus*
» *que* vous. »

Prépositions.

Près de, auprès de,

462   *Près de* signifie *proche de ; auprès de* ajoute à ce mot une idée d'assiduité.

EXEMPLES.

« Je l'ai trouvé *près* de l'église. — Il était toujours *auprès* de
» sa mère. »

Près de, prêt à.

463   Il ne faut pas confondre la préposition *près de*, signifiant *sur le point de*, avec l'adjectif *prêt à*, signi-
464 fiant *disposé à*.

Ainsi on devra dire : « je suis *près* de sortir (465), et *prêt à*
» vous obéir (464) ; » c'est-à-dire, *sur le point de* sortir, et *disposé* à vous obéir.

Entre, parmi.

465   *Entre* se dit de deux objets ; *parmi* se dit d'un plus grand nombre.

Vis-à-vis de, envers.

466   *Vis-à-vis de* ne doit pas être employé pour *envers*, *à l'égard de*.

Ainsi, on ne doit pas dire : « il a des torts *vis-à-vis* de moi. »
Mais il faut dire : « il a des torts *envers* moi. »

En deux jours, dans deux jours.

467   Ces mots *en deux jours* signifient *dans l'espace de*
deux jours ; ces autres mots *dans deux jours* signifient
468 *après un délai* de deux jours.

EXEMPLES.

« Eugène a fait le voyage de Paris *en huit jours* (467),— J'irai
» à Paris *dans quinze jours* (468). »

A la ville, en ville.

On dit *être à la ville*, pour marquer qu'on n'est pas 469
à la campagne. On dit *être en ville*, pour marquer
qu'on n'est pas au logis.

Par terre, à terre.

Ce qui touche à la terre, comme un homme qui
marche, un arbre, une plante, tombe *par terre*. Ce 470
qui ne touche pas à la terre, comme le fruit attaché à
l'arbre, l'oiseau qui vole, la tuile qui est sur les toits ,
tombe *à terre*.

Répétition des prépositions.

Les prépositions *à, de, en*, se répètent avant chaque 471
complément ; les autres prépositions ne se répètent que
lorsque les compléments expriment des choses tout-à- 472
fait différentes.

EXEMPLES.

« Il a voyagé *en* France, *en* Italie et *en* Espagne (471). — Il a
» agi *avec* prudence et sagacité. — Il a réussi *par* la ruse et *par*
» la force (472). »

Conjonctions.

Quand , quant.

1º *Quand*, signifiant *lorsque*, *à quelle époque ?* est 473
conjonction, et s'écrit avec un *d* final ; 2º *Quant*, signifiant à *l'égard de* , est préposition, et s'écrit avec un *t* 474
final.

EXEMPLES.

« *Quand* vous viendrez ; — *quand* viendrez-vous? (473). —
» *Quant* à vous, sortez (474). »

Quoique, quoi que.

1º *Quoique*, signifiant *bien que*, est conjonction, et 475
s'écrit en un seul mot ; 2º *Quoi que*, signifiant *quelque
chose que*, s'écrit en deux mots. *Quoi* est alors pronom indéfini, et *que* est conjonction. 476

EXEMPLES.

« Je l'aime , *quoiqu'il* soit paresseux (475). — *Quoi que* vous
» fassiez, vous ne réussirez pas (476). »

Si.

Si est conjonction , quand il exprime une condition 477

478 ou un doute ; il est adverbe, quand il signifie *telle-*
ment.

EXEMPLES.

« *Si* (477) vous n'étiez pas *si* (478) méchant, on vous aimerait
» davantage — Je ne sais *si* (477) Eugène se corrigera. — Il est
» *si* (478) turbulent, qu'on l'a chassé. »

CHAPITRE XVI.

DE L'ORTHOGRAPHE.

479   L'orthographe est l'art d'écrire correctement tous
les mots d'une langue.

Majuscules.

La première lettre d'une phrase ou d'une citation,
480 et l'initiale (*) des noms propres doit toujours être
une majuscule.

Cas où l'e muet et l'é fermé doivent êtr rem-
placés par un è ouvert.

481   Dans les variations auxquelles certaines espèces de
mots sont soumises, il arrive souvent qu'un *e* muet ou
un *é* fermé se trouve être suivi d'une syllabe muette.
Dans ce cas, on doit remplacer cet *e* muet ou cet *é*
fermé par un *è* ouvert.

EXEMPLES.

« Jardinier, *jardinière;* étranger, *étrangère;* complet, *com-*
» *plète.* — Dépécer, *je dépèce, je dépècerai;* — semer, *je sème*,
» *je sèmerai;* — amener, *j'amène, j'amènerai;* — peser, *je*
» *pèse, je pèserai;* — lever, *je lève, je lèverai;* — révéler, *je*
» *révèle, je révèlerai.* »

Cependant l'e qui précède la syllabe muette *ge*, doit toujours
être un é fermé, comme dans « *j'abrége, je protégerai.* »

Doublement des consonnes.

C.

482   *C* se double après les initiales *a, o.*

(*) On appelle *initiale* la lettre qui commence un mot.

Comme dans *accablé, occasion;* excepté dans *académie, acariâtre, acolyte, acoquiner* et quelques autres mots.

F.

483 · *F* se double après les initiales *a, e, o, di.*

Comme dans *affamer, effusion, offense, difforme;* excepté dans *afin, Afrique, if* et quelques autres mots.

L.

484 *L* se double après les initiales *a, i, co.*

Comme dans *alliance, illusion, colline;* excepté dans *alarme, alerte, aliéner, aligner, aliment, aliter, alors, alouette;—île; — colère, colique, colon, colonne, coloris, colosse* et quelques autres mots.

M.

485 *M* se double après l'initiale *i.*

Comme dans *immeuble, immobile;* excepté dans *image, imaginer, imiter.*

P.

486 *P* se double après les initiales *a, o, su.*

Comme dans *appui, apprendre, opposer, opprimer, supporter, supprimer;* excepté dans *apaiser, apanage, apathie, apercevoir, apetisser, apitoyer, aplanir, apologie, apôster, apostrophe, apôtre; — opiniâtre, opinion, opulent; — superbe, superficie, superflu, supérieur, suprême* et quelques autres mots.

R.

487 *R* se double après les initiales *a, i, co.*

Comme dans *arrondir, irriter, corriger;* excepté dans *araignée, aratoire, arène, aride; — irascible, ironie; — corail, coriace* et quelques autres mots.

T.

488 *T* se double après l'initiale *a.*

Comme dans *attendre, attribut;* excepté dans *atelier, atôme, atours, atrabilaire, atroce* et quelques autres mots.

M *employée pour* n.

489 On emploie *m* au lieu de *n* devant les lettres *b, m, p.*

Comme dans *imbécille, emmener, impatience.*

Consonnes finales des mots primitifs.

490   On peut connaître quelle est la consonne finale des mots primitifs au moyen de leurs dérivés. Ainsi, ou reconnaît que *plomb* s'écrit avec un *b*, *accroc*, avec un *c*, *fard*, avec un *d*, etc., parce que ces mots ont pour dérivés *plomber, accrocher, farder.*

Orthographe des noms.

Noms en ace.

491   La plupart des noms ayant cette terminaison s'écrivent par *ce.*

Comme *glace, espace, grimace, grâce;* excepté *terrasse, crevasse, bécasse, chasse, filasse* et quelques autres mots.

Noms en ail, eil, el, il.

492   Les noms masculins qui ont l'une de ces terminaisons, s'écrivent avec une seule *l* et sans *e* final.

Comme *travail, soleil, ciel, outil;* excepté *modèle.*

493   Les noms féminins en *ail, eil, el,* et ceux en *il* dont la lettre *l* est mouillée, prennent deux *l* et un *e.*

Comme *trouvaille, merveille, étincelle, famille.*

Noms en aire et en ère.

494   Les noms masculins qui ont cette terminaison s'écrivent par *aire.*

Comme *fonctionnaire, locataire, célibataire;* excepté *par-terre, cimetière, cimeterre, frère, lierre* et quelques autres.

95   Les noms féminins s'écrivent par *ère.*

Comme *rivière, lumière, gouttière;* excepté *pierre.*

Noms en ance, anse, etc.

496   Les noms qui ont cette terminaison s'écrivent des quatre manières suivantes : *ance, anse, ence, ense.* La plupart de ceux qui se terminent par *ance,* dérivent d'un participe présent.

EXEMPLES.

Abondance, naissance, rejouissance; — *science; existence, sentence;* — *danse, transe;* — *défense, offense, récompense, dépense, dispense.*

Noms en at et en as.

497   La plupart des noms ayant cette terminaison s'é-

crivent avec un *t* final ; d'autres s'écrivent avec une *s*.

EXEMPLES.

Pensionnat, consulat, avocat, candidat, grabat, appât. —
Bas, matelas, amas, repas.

Noms en au.

498
499
Dans les noms de cette terminaison, le son *au* se
rend par *au* après une voyelle, et par *eau*, après une
consonne.

EXEMPLES.

Noyau, tuyau, fléau (498). — *Corbeau, hameau, troupeau*
(499) ; excepté *étau.*

Noms en é.

500
501
Les noms féminins qui ont cette terminaison ne
prennent point d'*e* muet, quand ils expriment une
qualité ; la plupart dérivent d'un adjectif. Les noms
primitifs, au contraire, et ceux qui dérivent d'un
verbe ou d'un substantif, prennent un *e* muet

EXEMPLES.

Bonté, beauté, fierté, santé (500) ; — *épée, montée, après-
dînée, matinée, soirée, cuillerée* (501).

Noms en esse.

502
Les noms qui ont cette terminaison s'écrivent ordinairement par *sse.*

Comme *paresse, mollesse, adresse, rudesse, allégresse ;* excepté
pièce, nièce, espèce, graisse.

Noms en eur.

503
Les noms en *eur* s'écrivent sans *e* muet.

Comme *rougeur, douleur, fraîcheur, bonheur ;* excepté *heure,
demeure, beurre, leurre.*

Noms en ice.

504
Les noms qui ont cette terminaison s'écrivent ordinairement par *ce.*

Comme *sacrifice, office, service, précipice ;* excepté *écrevisse,
réglisse, jaunisse.*

Noms en i, is, it, ie.

505
Les noms masculins se terminent par *i*, par *s*, ou
par *t.*

506
Les noms féminins prennent un *e* muet.

5.

Abri, souci, charivari. — *Coloris, gâchis, débris, précis.* — *Appétit, récit, dépit, profit* (505). — *Modestie, hypocrisie, calomnie, insomnie* (506).

Sont exceptés les noms féminins *fourmi, souris, brebis, perdrix.*

Noms en ier.

507 Les noms masculins qui ont cette terminaison s'écrivent avec une *r* finale.

Comme *fermier, épicier, acier, particulier;* excepté *pied.*

Noms en ment.

508 Les noms qui ont cette terminaison s'écrivent par *ment,* quand ils dérivent d'un verbe.

Comme *rafraîchissement, tremblement, commandement,* excepté *calmant.*

Noms en oir.

509 Les noms masculins qui ont cette terminaison s'é-
510 crivent sans *e* final. Les noms féminins en prennent un.

Rasoir, pouvoir, soir, espoir (509); — *armoire, poire, bassinoire* (510).

Sont exceptés les noms masculins *ivoire, réfectoire, pourboire,* qui s'écrivent avec un *e* muet.

Noms en our.

511 Les noms qui ont cette terminaison s'écrivent par *our.*

Comme *tour, jour, four, amour;* excepté *ours, velours, bourre, bravoure.*

Noms en cours.

512 Les noms qui ont cette terminaison prennent une *s* finale.

Comme *discours, recours, concours, secours;* excepté *cour.*

Noms en sion.

513 Parmi les noms de cette terminaison, les uns s'é-
514 crivent par une *s*; d'autres s'écrivent avec un *t.*

Convulsion, pension, ascension, dimension, appréhension (513), *obtention, condition, agitation, discrétion* (514).

Remarque.

La lettre *t* conserve sa prononciation dans les noms où elle est précédée d'une *s* ou d'une *x*.

Comme dans *question, indigestion, mixtion.*

Noms en te.

Les noms en *te* s'écrivent avec un seul t. 516

Excepté *chatte, datte* (fruit)*, latte, natte, patte, goutte, butte* (amas de terre), *hutte, lutte.*

Noms en xion.

Parmi les noms de cette terminaison, les uns s'é- 517
crivent par une *x*; d'autres s'écrivent par *ct.* 518

EXEMPLES.

Fluxion, réflexion, complexion, génuflexion (517). — *Action, distinction, séduction, prédilection* (518).

Orthographe des adjectifs.

On peut connaître quelle est la consonne finale d'un 519
adjectif, en mettant cet adjectif au féminin.

EXEMPLES.

Ainsi, on reconnaît que *blanc* s'écrit avec un *c*, *grand* avec
un *d*, *prompt* avec un *t*, parce que ces adjectifs font au féminin
blanche, grande, prompte.

Adjectifs en ique et en oque.

Les adjectifs *magnifique, tragique, comique, équi-* 520
voque, et tous les adjectifs qui ont l'une de ces deux
terminaisons, s'écrivent par *que* aux deux genres,
excepté *public.*

Adjectifs en le.

Beaucoup d'adjectifs se terminent par *le* aux deux 5
genres.

Tels sont les adjectifs *mâle, sale, fidèle, frêle, grêle, agile, débile, difficile, docile, facile, fébrile, fertile, fossile, fragile, futile, habile, hostile, servile, stérile, utile, bénévole, frivole, crédule émule.*

Imbécille et *tranquille* prennent deux *l* et un *e* aux deux
genres.

Emploi des signes orthographiques.

Accent aigu.

L'accent *aigu* se met sur les *é* fermés qui terminent 522
la syllabe, ou qui ne sont suivis que d'un *e* muet ou
d'une *s* finale.

Comme dans *bonté, pensée, rivalité.*

Accent grave.

L'accent *grave* s'emploie dans les cas suivants :

PREMIÈREMENT.

Il se met sur les *è* ouverts qui terminent une syllabe
522 ou qui sont suivis d'une *s* finale.

Comme dans *sincère, succès*.

DEUXIÈMEMENT.

Il se met sur *là* et *où*, adverbes, pour les distin-
523 guer de *la*, article, et de *ou*, conjonction ; sur *à* et *dès*,
prépositions, pour les distinguer de *a*, verbe, et de *des*,
524 article composé. Enfin, il se met sur l'adverbe *déjà*
et sur la préposition *voilà*.

EXEMPLES.

« *Où* ira-t-il ? — Il *a* dit qu'il irait *à* Lyon *ou à* Paris. — *Là*,
» *dès* l'aurore, *la* voix des artisans se fait entendre. — *Voilà* un
» an *déjà* qu'il est parti. »

Accent circonflexe.

L'accent *circonflexe* s'emploie dans les cas suivants :

PREMIÈREMENT.

526 Il se met sur la plupart des voyelles longues.

Comme dans *hâter, prêter, naître, ôter, goûter*.

DEUXIÈMEMENT.

527 Sur l'avant-dernière syllabe des verbes, à la première et à la seconde personne plurielle du passé
défini.

Comme dans *nous aimâmes, vous aimâtes ; nous reçûmes,
vous reçûtes*.

TROISIÈMEMENT.

528 Sur la dernière syllabe des verbes à la troisième
personne du singulier de l'imparfait du subjonctif.

Comme dans *qu'il aimât, qu'il finît*.

QUATRIÈMEMENT.

529 Sur les participes passés *dû* et *tu*, pour les distinguer de *du*, article composé, et de *tu*, pronom personnel, et sur les pronoms possessifs *le nôtre, le
530 vôtre*, pour les distinguer des adjectifs possessifs
notre, votre.

EXEMPLES.

« Du moment qu'il s'est *tu*, tu aurais *dû* prendre la parole. —
» Voici *notre* chemin, voilà le *vôtre*. »

Apostrophe.

On remplace la voyelle finale par une apostrophe 531 dans les cas suivants :

PREMIÈREMENT.

Dans l'article *le* et *la*, et dans les pronoms *je*, *me*, 532 *te*, *se*, *le*, *la*, *que*, suivis d'une voyelle ou d'une *h* muette.

DEUXIÈMEMENT.

Dans *ce*, suivi du présent ou de l'imparfait de l'in- 533 dicatif, ou d'un temps composé du verbe *être*. (Dans 534 ce dernier cas, le *c* prend un cédille.)

Comme *c'est*, *c'était* (533) ; — *ç'aurait été* (534).

TROISIÈMEMENT.

Dans *quelque*, suivi de *un*, *autre*, et dans *jusque*, 535 suivi de *à*, *au*.

Comme *quelqu'un*, *quelqu'autre* ; — *jusqu'à*, *jusqu'au*.

QUATRIÈMEMENT.

Dans *ne*, adverbe, *de*, préposition, et *que*, conjonc- 536 tion, suivis d'une voyelle ou d'une *h* muette.

Comme dans ces mots : « les heures *d'attente* n'ont rien *d'a-* » *gréable* ; — je voudrais *qu'Antoine* fût ici ; — il vient *d'ar-* *river.* »

CINQUIÈMEMENT.

Dans *lorsque*, *quoique*, *puisque*, suivis de *il*, *elle*, 537 *on*, *un*, *une*.

Comme *lorsqu'il*, *quoiqu'on*, *puisqu'on*.

SIXIÈMEMENT.

Dans *si*, suivi de *il*, *s'il*. 538

Trait d'union.

Le trait d'union se met : 1° entre les mots compo- 539 sés ; 2° entre les adjectifs numéraux exprimant un 540 nombre inférieur à *cent* ; 3° après les verbes suivis 541 des pronoms *on*, *ce*, ou de pronoms personnels em- ployés comme sujets ou régimes de ces verbes ; 4° après 542 l'adverbe *très*.

EXEMPLES.

« *Tout-à-coup.* — *Sur-le-champ.* — *Chef-d'œuvre.* — *Coup-* » *d'œil.* — *Dix-huit.* — *Vingt-cinq.* — *Quatre-vingt-dix.* — » *Viens-tu ?* — *Dit-on.* — *Est-ce ?* — *La science est très-* » *utile.* »

EXERCICES ORTHOGRAPHIQUES.

Nota. *Les numéros intercalés dans ces exercices renvoient aux numéros correspondants, placés en marges des pages de la grammaire.*

I (*).

D'après la définition de chacune des parties du discours, donnée au commencement de cette grammaire, dites à quelle espèce appartient chacun des mots suivants :

Cheval blanc, enfant docile, adroit chasseur, le bruyant Paris, le bon Michel, le petit Joseph, ouvrier intelligent, tendre agneau, chèvre folâtre, traître chat, rusé renard, bœuf rouge, intrépides soldats, sage François, loup vorace, oiseau craintif, poisson agile, gai rossignol, triste hibou, noir corbeau, chien fidèle, petite maison, excellent papier, arbre vert, pomme délicieuse, fleuve rapide, pays fertile, mauvaise eau, haut clocher, chambre sombre, chaise commode, jardin charmant, grande table, belle image, jolie fleur, clair ruisseau, habit long, pantalon court, livre intéressant, bras vigoureux, ancien château, nouvelle église, orage terrible, épaisse forêt, large fauteuil, chaleur étouffante, puanteur incommode, goût délicieux, froid excessif, couleur vermeille, air chaud, lourd, vif; prudence, honneur, mensonge, vertu admirable, agréable histoire, humeur chagrine, santé florissante, bonté inépuisable, soupçon odieux, punition exemplaire, flatteuse espérance, amitié constante, active, bienfaisante, attachement durable, conseils salutaires, gloire immortelle, dureté, sévérité, paresse, obéissance, gentil, gai, joyeux, étourdi.

L'enfant pleure, il est désagréable. Thérèse étudie, elle devien-

_____

(*) Cet exercice devra être commencé aussitôt que l'élève aura appris les premières définitions du chapitre II de la grammaire. On lui fera désigner d'abord les substantifs, puis les articles, les adjectifs, les pronoms, etc. Enfin, lorsqu'il sera parvenu à la fin du chapitre II, il devra recommencer cet exercice, et dire à quelle espèce appartient chacun des mots qui le composent, en suivant l'ordre dans lequel ces mots sont placés, et on le lui fera répéter, jusqu'à ce qu'il connaisse parfaitement toutes les parties du discours.

Lorsque l'élève se montrera embarrassé, on devra lui faire réciter la définition de l'espèce de mot au sujet de laquelle il montre de l'embarras, et lui faire faire ensuite l'application du principe qu'il vient d'énoncer.

dra savante. Le cheval hennit, il frappe la terre. Les abeilles bourdonnent, elles recueillent le miel. Les bœufs broutent l'herbe, ils beuglent. Les beaux jours approchent, le printemps les ramène. L'oiseau chante, il est joyeux. La richesse est enviée, le travail la procure. Les nuages disparaissent, le vent les dissipe. L'agneau bondit, le loup le guette, le chien le surveille. Le maître aime les enfants qui lui obéissent. Les hommes recherchent les choses qui leur plaisent. Les animaux connaissent la nourriture qui leur convient. Le lièvre habite les forêts, le silence lui plaît.

Je redoute l'ennui, je le chasse par le travail. Je vais à Paris, tu me remplaceras ici. Le livre que je lis vous appartient. Pierre, je te dirai ce que tu dois faire. Je te raconterai l'histoire que tu désires entendre. Tu ris, tu pleures, tu chantes, et tu nous ennuies.

Thomas parle peu, il travaille beaucoup, il pense sagement et il vit sobrement. Il reviendra bientôt, et vous irez alors où vous voudrez. Autrefois les hommes étaient ignorants ; aujourd'hui ils sont éclairés. Vous n'êtes guère sage, et vous êtes trop paresseux.

Il faut toujours agir prudemment.

Pierre ira à la ville avec Paul ; il entrera chez l'épicier qui demeure près de l'église, et il lui demandera le café que j'ai acheté pour Eugénie. Pendant ce temps, Paul passera devant le tribunal, il entrera dans la maison voisine, et il fera provision de livres, de papier, de plumes, d'encre, de canifs et de modèles d'écriture. Il passera par la Grande-Place et par les halles, et rencontrera Pierre hors de la ville, entre la promenade et le moulin.

Réprimez en vous l'orgueil, et la paresse, et la gourmandise, et la dissipation, et l'envie, et tous les défauts auxquels vous êtes enclins.

Je n'aime ni les menteurs, ni les paresseux, ni les flatteurs, ni les gourmands.

Les hommes deviennent bons ou méchants, éclairés ou ignorants, affables ou grossiers, laborieux ou fainéants, selon l'éducation qu'ils reçoivent.

Vivons en paix avec les personnes qui nous entourent.

J'aime la franchise et la bonté.

Le bonheur est impossible sans la vertu.

Respectons les vieillards, soyons indulgents pour eux, prévenons leurs désirs, chérissons-les, et obéissons-leur, afin que nos enfants agissent de même envers nous, lorsque nous serons vieux.

Je me plais avec Eugène, parce qu'il cause agréablement, et parce qu'il me donne des conseils sages, dont je profite.

Le livre de Pierre est beau, il est instructif. Je le prêterai à Antoine, et je lui dirai : Antoine, lis ce livre ; tu y trouveras toujours des choses agréables ou utiles.

Ne prêtez jamais l'oreille à la flatterie , ni à la calomnie , et éloignez-vous des flatteurs et des calomniateurs , si vous en rencontrez.

Vous commettrez souvent des fautes , si vous manquez de prudence.

Marchez toujours dans le sentier de l'honneur, ou |votre conscience ne vous laissera pas de repos.

Dis-moi où tu vas , ou retire-toi.

Le bon Dieu veut que l'homme qui le prie sincèrement soit récompensé dans le ciel. Ah ! combien je l'aime !

II.

Désignez, dans les mots suivants, quels sont les noms communs (41),*et quels sont les noms propres* (42).

Livre enfant oiseau Eugène garçon Prosper homme père mère sœur Thérèse oncle tante neveu ami Dieu Julie Joseph cœur église village Paris cheveu robe Marie table canif plume Europe armoire France chapeau prière maison Espagne soleil lune montagne Italie habit botte soulier Lorraine Alsace pays rivière Moselle Mathieu Françoise oreille tête Nancy poule coq main pied Epinal bâton Charles bouteille tonneau fleur jardin verger Lunéville poire pomme raisin haricot.

III.

1º *Dites quel est le genre des noms qui précèdent et de ceux qui suivent* (45-47).

2º *Mettez au pluriel les noms communs.*

3º*Déterminez-les par l'article* le, la, les (65-66).

Père mère frère sœur oncle tante nièce ami table rivière appétit abri dépit raison maison rayon moyen artisan bonté vérité nuée huée seigneur douleur détour retour trou verrou fatigue source violence espérance dépense danse supplice caprice rebut affût tribut (52) clou trou verrou écrou matou sou (55) bal régal carnaval éventail gouvernail détail portail attirail sérail (57) aïeul (grandpère) ciel-de-lit œil-de-bœuf (59).

Tapis rubis excès succès fils brebis souris bras repas vernis bourgeois villageois voix croix noix temps sens recours laquais français bois nez prix perdrix époux abcès refus abus débris cours discours (53).

Cadeau oiseau moineau corbeau cheveu essieu ruisseau château jeu lieu aveu neveu bijou genou adieu couteau rideau flambeau tuyau hibou caillou eau hameau réseau agneau (54).

Cheval animal travail soupirail journal signal mal tribunal cardinal bail sénéchal caporal général ciel œil canal maréchal ail corail émail local chenal vassalet métal minéral arsenal capital (56).

Enfant diamant régiment appartement dent gant chant amusement tempérament vent perfectionnement dévouement (60-61).

Alleluia ave alibi quiproquo accessit alinéa errata zéro aquatinta lazzi recto verso forte-piano mezzo-terminé te-Deum (62).

IV.

Changez le nombre des noms suivants.

Bedeaux rameaux chevaux travaux canaux carreaux créneaux ciseaux oiseaux châteaux tribunaux émaux maréchaux cadeaux maux caporaux hameaux ruisseaux animaux journaux soupiraux signaux cardinaux eaux aulx généraux couteaux rideaux flambeaux chenaux vassaux métaux minéraux capitaux arsenaux tuyaux anneaux cieux yeux jeux aveu cheveux.

V.

1° *Désignez, parmi les noms suivants, quels sont ceux qui sont compléments des autres.*

2° *Remplacez l'article contracté par l'article précédé de la préposition* de (68).

Le fils de Thomas, le père de Marie, un recueil de prières, une montre d'or, des témoignages d'amitié, un morceau de pain, des feuilles de papier, un boisseau d'avoine, le souvenir du jeune âge, l'église du village, l'amour de la vertu, l'oubli des injures, l'attrait du plaisir, la récompense du travail, le chant de l'alouette, le cours des ruisseaux, la voracité du lion, le plaisir de la promenade, la chaleur du soleil, la récolte des blés, l'étude des sciences et des arts, le silence de la nuit, l'obscurité des forêts, la bonté et la force d'âme, la bienveillance et l'amour du prochain, la ruse et l'adresse du chat, les formes élégantes du cheval, le goût pour l'étude, la disposition au travail.

VI.

Remplacez, dans les mots suivants, l'article non contracté par l'article contracté.

La beauté de le pays, la consolation de les malheureux, le chef de le gouvernement, l'ami de les pauvres, la passion de le jeu, le fruit de le pommier, la saison de les cerises, propre à le travail, adonné à les sciences, à les travaux champêtres, l'époque de les moissons, le chien de le berger, je me plais à le village, utile à le labourage, cher à les enfants, j'ai assisté à les vendanges.

VII.

Remplacez, dans les mots suivants, l'apostrophe par la lettre retranchée.

L'oiseau (*dites* le oiseau) l'arbre l'épée l'abricot l'habit l'hameçon l'hiver l'ormeau l'ouvrier l'allumette l'oreille l'œil l'aiguille l'ardoise l'écurie l'église l'enfant l'hôpital l'horloge l'hôtel l'artichaut l'âne l'anguille l'ami l'eau l'étang.

VIII.

Déterminez les noms qui précèdent et ceux qui suivent, 1° par un adjectif numéral; 2° par un adjectif démonstratifs ; 3° par un adjectif possessifs ; 4° par un adjectif indéfini. Indiquez quand ces noms doivent avoir la marque du pluriel.

Cheval troupeau jardin maison voiture berger livre grammaire village prairie brebis chèvre agneau chien chat table plume crayon ruisseau parterre fleur rose jasmin charrue bosquet montre soulier gilet chapeau bâton.

IX.

Changez le genre des adjectifs suivants.

Prudent méchant vrai joli gai hardi joli ami nu pointu charmant intelligent ignorant insolent laid sourd grand nigaud blond pur impur clair obscur aisé filial vénal national fatal général frugal vil civil subtil viril courtisan humain certain vain sain mondain mutin chagrin libertin plein chacun importun opportun étranger ménager familier mineur meilleur antérieur postérieur inférieur supérieur (83) ras mauvais niais français précis concis exquis gris matois grivois bourgeois courtois confus diffus obtus discret complet inquiet concret secret replet (78) délicat plat scélérat immédiat mat droit adroit vert fort court succinct idiot dévot cagot brut (71—78—83).

Honnête agréable aimable redoutable possible terrible sensible nuisible horrible sale mâle grêle frêle servile agile utile débile stérile difficile hostile docile habile facile futile fébrile tranquille frivole bénévole crédule émule magnifique magique tragique rustique antique baroque avare prospère (70).

Sec blanc franc turc public caduc grec (72).

Vif admiratif bref actif naïf rétif maladif décisif incisif instructif neuf (73).

Eternel mortel cruel vermeil vieux pluriel solennel réel rationnel pareil moyen citoyen plébéien mitoyen ancien païen bon poltron mignon (75) las épais gras bas profés gros exprés (76) coquet fluet propret muet net joliet finet follet (77) gentil nul paysan sot vieillot (79).—Nouveau beau fou mou vieux jumeau (80).

Moqueur menteur rapporteur sauteur causeur radoteur trompeur voleur rieur boudeur flatteur danseur coureur querelleur (81—85).

Vengeur défendeur demandeur devineur chasseur enchanteur (82).

Bienfaiteur admirateur médiateur tuteur protecteur accusateur acteur régulateur chanteur lecteur ambassadeur (84).

Fameux honteux jaloux heureux affreux dangereux sérieux odieux radieux audacieux hargneux vicieux (86).

Faux roux doux (87).

Favori coi long oblong malin bénin frais tiers (88).

Ambigu contigu aigu exigu (89).

NOTA.. *Après cet exercice, le maître pourra le faire recommencer, en prenant alternativement un adjectif dans chacune des catégories.*

X.

Changez le nombre des adjectifs suivants.

Vrai poli sourd honnête habile suspect actif cruel ancien moyen menteur querelleur hospitalier (90).

Fatal glacial final théâtral (94).

Français mauvais épais niais las gras bas ras profès exprès précis concis exquis gris matois bourgeois courtois grivois confus diffus obtus faux honteux sérieux odieux affreux fameux roux doux jaloux (91).

Nouveau jumeau beau égal moral national principal général capital méridional occidental légal central brutal immémorial (92—93).

Naval frugal filial médicinal vocal vénal (95).

Intelligent charmant méchant lent arrogant prudent patient obligeant ignorant violent constant absent présent insolent (96).

XI.

Faites accorder chacun des adjectifs suivants avec le substantif qui le précède.

Mettez ces adjectifs, 1° au comparatif de supériorité; 2° au comparatif d'infériorité; 3° au comparatif d'égalité; 4° au superlatif absolu; 5° au superlatif relatif.

Maison *grand*. Chevaux *rétif*. Pomme *délicieux*. Hommes *méchant*. Table *petit*. Couleur *vif*. Ville *florissant*. Maux *incurable*. Personne *flatteur*. Chien *gros*. Pâte *mou*. Route *long*. Animaux *carnassier*. Voix *plaintif*. Brebis *doux*. Fleurs *brillant*. Main *vigoureux*. Forêt *obscur*. Travaux *pénible*. Femme *fou*. Guerre *cruel*. Fille *pieux*. Haies *vert*. Cheveux *court*. Caresses *trompeur*. Arme *tranchant*. Histoire *intéressant*. Prairie *émaillé*. Montagne *élevé*. Yeux *noir*. Sœur *bon*. Robe *bleu*. Contrée *inconnu*. Petite fille *bavard*. Eau *frais*. Chemise *sec*.

Une poire et une pomme *délicieux*. Un jardin et un verger *charmant*. Un désintéressement et une bonté *inépuisable*. Un homme et une femme *aimable*. Un frère et une sœur *obligeant*. Une veste et un chapeau *usé*. Une chemise et un mouchoir *blanc*. Un gilet et une cravate *neuf*. Un lit et une chambre *malsain* (121). Une amabilité, une douceur *ineffable*. Une cruauté, une perfidie *atroce*. Une bienveillance, une générosité louable (124).

XII.

1° *Parmi les mots suivants, désignez les adjectifs et leurs régimes.*

2• *Donnez un régime aux adjectifs qui n'en n'ont pas.*

Digne d'éloges, témoin du combat, favori du prince, redoutable à l'ennemi, propre à la guerre, funeste à la science, importun aux hommes, plein de grâces, antérieur à sa naissance, postérieur à cet événement, émule d'Antoine, jaloux de sa puissance, beau à voir, agréable à entendre; prêt à partir, las d'étudier.

Pareil, égal, nuisible, utile, semblable, bienfaiteur, protecteur, docile, curieux, impatient, facile, difficile, habile.

XIII.

Evitez la répétition des noms suivants, en les remplaçant par des pronoms.

Antoine est studieux, *Antoine* aura un prix.

Paul est paresseux, *Paul* sera puni.

Quand *l'enfant de Pierre* est sage, *l'enfant de Pierre* est récompensé.

L'étude est utile; *l'étude* développe l'intelligence, *l'étude* rend l'homme meilleur.

L'ignorance déplaît, *l'ignorance* rapproche l'homme de la bête.

La *science* plaît quand la *science* est jointe à la modestie.

Je caresse *la brebis*, parce que j'aime *la brebis*.

Etudiez *votre leçon*, puis vous saurez *votre leçon*.

Votre chapeau vous gêne, ôtez *votre chapeau*.

Vos conseils sont bons, j'écoute *vos conseils*, je mets *vos conseils* en pratique.

Mon habit est déchiré, raccommodez *mon habit*.

Pierre est un étourdi, il faut surveiller *Pierre*.

J'aime *mon père*, j'obéirai à *mon père*.

Quand *ma sœur* sera ici, je raconterai une histoire à *ma sœur*.

Si *mes fils* sont obéissants, je donnerai des livres à *mes fils*.

Eugène est indocile, le maître se plaint d'*Eugène*.

Si *ma sœur* est méchante, je m'éloignerai de *ma sœur*.

Quand on rencontre des *hommes vicieux*, il faut se détourner des *hommes vicieux*.

Quand l'heure de *l'école* est arrivée, il faut aller à *l'école*.

Cette affaire est pressante ; songez à *cette affaire*, occupez-vous de *cette affaire*.

Mes *fleurs* sont plus belles que ces *fleurs*.

Cet *arbre*-là est plus vert que cet *arbre*-ci.

Mon *chapeau* est moins beau que votre *chapeau*.

Donnez-moi votre *livre*, je vous donnerai mon *livre*.

S'il me rend mes *plumes*, je lui rendrai ses *plumes*.

Vous avez sali vos *vétements* et nos *vétements*.

XIV.

Remplacez, dans les mots suivants, l'apostrophe par la lettre retranchée.

J'étudie, j'arrive, j'accours, j'obéis, j'oublie, j'approuve, tu m'amuses, tu m'ennuies, je m'habille, je m'humilie, je m'honore, tu m'égayes, tu m'impatientes, tu m'abandonnes, je t'avertis, je t'entends, je t'instruis, je t'écoute, je t'estime, tu t'habilles, tu t'habitues, tu t'obstines, il s'arrête, il s'anime, il s'adoucit, il s'irrite, il s'honore, il s'incline, il s'endort. Cet enfant est aimable; je l'aime, je l'encourage, je l'admire, je l'embrasse, je l'ai élevé, je l'ai nourri, je l'ai formé. Cette petite fille me plaît ; je l'élève, je l'instruis, je l'accompagne, je l'estime, je l'aime, je l'écoute avec plaisir.

XV.

Dans les phrases suivantes, remplacez ;

1° *Les pronoms* me, te, se, le, la les, nous, vous, lui, leur, *par* moi, toi, soi, lui, elle, eux, elles, *et par* à moi, à toi, à soi, à lui, à elle, à eux, à elles;

2° *Les pronoms* y et en, *par* à ceci, à cela, à cette chose, *et par* de lui, d'elle, d'eux, d'elles, de ceci, de cela, de cette chose :

3° *Les pronoms relatifs* qui, que, dont, *par* lequel, laquelle, duquel, desquels, *etc*;

4° Qui, que, *pronoms indéfinis, par* quelle personne *ou* quelle chose.

Tu me donneras ce livre. Il me cause du chagrin. Nous le plaignons. Antoine te parlera. Le soleil se couchera. L'homme se procure des talents par le travail ; le libertin se nuit. Le travail fortifie l'homme, l'étude le polit, la vertu le rend meilleur. Cette histoire est intéressante; je la lirai, et je la raconterai à mes enfants. Les soldats arrivent; Eugène les regarde, et les accompagne. Les campagnes sont belles; je les parcours, et je les vois avec plaisir. Vous lui demandez s'il lui plaît de vous accompagner. Dites-leur que je leur suis très-reconnaissant.

Cette affaire est sérieuse, songez-y. Il manque une pièce à cette machine, j'y remédierai.

Pierre est un enfant studieux, le maître en est content. Cette petite fille est paresseuse, la maîtresse s'en plaint beaucoup. Vous devez me payer dans huit jours, souvenez-vous en. Cette nouvelle me surprend, je n'en reviens pas.

Ces conseils, qui vous déplaisent, sont très-bons. Les qualités qui plaisent à la multitude ne sont pas toujours les meilleures. Cet homme a une modestie qui est égale à ses talents. Cette conduite, que vous blâmez, est très-louable. Je suis très-reconnaissant des bontés que vous avez eues pour moi. Je me souviens de toutes les choses aimables que vous m'avez dites.

L'homme de qui je vous parle, mérite votre estime. La punition dont vous m'avez menacé, m'effraie. La bienveillance dont vous honorez mon fils, le flatte beaucoup. Les sentiments affectueux dont je suis l'objet font le bonheur de ma vie. Evitez les piéges dont vous êtes entouré.

L'ami à qui vous avez confié votre secret, l'a divulgué. Les hommes sur qui vous comptiez, ne pourront pas venir. Les soldats à qui ce poste était confié, l'ont défendu avec courage. Ces jeunes filles à qui vous dites de se taire, ne vous obéiront guère. Il faut choisir avec soin les personnes en qui l'on veut mettre sa confiance.

Qui êtes-vous? Qui cherchez-vous? De qui parlez-vous? A qui vous adresserez-vous? Sur qui fixerez-vous votre choix? Que faites-vous? Que dites-vous? Que lisez-vous? Que m'apprendrez-vous?

XVI.

Dans les phrases suivantes, distinguez :

1° Le, la, les, *pronoms personnels, de* le, la, les, *articles;*

2° Leur, *pronom personnel, de* leur, *adjectif possessif, et de* le leur, *pronom possessif;*

3° Ce, *pronom démonstratif, de* ce, *adjectif démonstratif, et de* se, *pronom personnel;*

4° Que, *pronom relatif et pronom indéfini; de* que, *conjonction, et de* que, *adverbe.*

Paul est studieux et docile; le maître le chérit, et le récompense souvent. Il vante *l'*intelligence de cet enfant et son amour pour *le* travail. *Le* temps *se* passe rapidement ; il faut *le* ménager. *La* vie est courte ; employons-*la* à des choses utiles, et ne *l'*abrégeons pas par *les* débauches. *La* bienfaisance est *la* vertu *que* je préfère ; il faut *la* pratiquer aussi souvent *qu'*on *le* peut. J'aime *la* modestie. *Les* plaisirs perdent *leur* prix pour celui qui *les* a trop recherchés, et *le* dégoût *les* remplace. *Les* fils de Thomas *se* sont retirés à *la* campagne avec *leurs* femmes et *leurs* enfants ; quand vous *les* verrez, dites-*leur que* je *leur* écrirai aussitôt *que* j'aurai terminé *leur* affaire. *Leur* affection pour moi *leur* a été nuisible en plusieurs circonstances, et je voudrais *leur* prouver *que leurs* bons offices ne sont pas oubliés, et *que*, si je néglige quelquefois mes intérêts, je ne néglige pas *les leurs*. Etait-ce bien *ce* livre *que* je lisais ? Je crois *que ce l'*est. Ce fut en *ce* jour *que* je reconnus la vérité de *ce que* vous me dites l'an dernier à *ce* sujet. *Ce* qui nuit à l'homme, *c'*est *qu'*il *se* croit presque toujours supérieur à *ce qu'*il est en effet, et *qu'*il *se* glorifie souvent de choses qui *se* sont faites à son insu.

J'aime à croire *que* vous ignoriez *ce que* l'on a dit, et *que* si vous l'aviez su, vous auriez fait *ce que* vous deviez faire. L'homme intelligent *que* vous m'avez envoyé, a rempli la mission *que* vous lui aviez confiée ; il m'a dit *que* vous étiez sur le point de partir. Je désire *que* l'importante affaire *que* vous allez entreprendre, réussisse. J'aime Thomas plus *que* vous *ne* pensez, quoiqu'il soit l'homme le plus ennuyeux *que* je connaisse, et *qu'*il ait tout *ce qu'*il faut pour déplaire. C'est *que* je l'ai connu dès l'enfance, et *que* j'ai reçu de lui des services *que* je n'oublierai jamais. *Que* voulez-vous *que* je dise ? cet enfant ne fait *que ce qu'*il veut. *Que* je suis las !... *Que* faire, *que* je n'aie déjà fait ! *Que* dit ce monsieur ? Je crois *qu'*il m'adresse des reproches *que* je ne mérite pas. *Que* d'hommes sont calomniés !

XVII (*).

1° Dites à quelle conjugaison et à quelle espèce appartient chacun des verbes suivants :

(*) Dans les exercices sur les conjugaisons, il convient de faire conjuguer le verbe *être* avec un adjectif commençant par une voyelle ou une *h* muette, et les autres verbes avec un complément ou un adverbe commençant également par une voyelle ou une *h* muette, afin que l'élève s'habitue à faire sentir la finale des verbes. Ainsi l'on dira : *je suis heureux, je suis obéissant, je suis attentif, j'ai un prix, je lis un livre, j'étudie ma leçon, je mange une poire, je vais en ville, je travaille habilement.*

2º *Enoncez-en les temps primitifs.*

3º *Dites quelle est la terminaison des trois personnes du singulier et des trois personnes plurielles du présent de l'indicatif, dans les verbes de la première conjugaison, dans ceux de la seconde, etc.; conjuguez tel verbe à ce temps, après en avoir désigné le radical.*

(Le maître devra faire la même question pour les autres temps de l'indicatif, pour les conditionnels, l'impératif et les temps du subjonctif, et demander, pour les temps dérivés, de quel temps ils dérivent, et comment ils se forment.)

4º *Ecrivez la première personne du singulier de l'imparfait de l'indicatif de tel verbe* (172); *la première personne plurielle de l'imparfait de l'indicatif et du présent du subjonctif de tel verbe* (173); *la première personne du singulier du futur et du conditionnel présent de tel verbe* (verbes en ÉER, IER, OUER, UER, YER, et ceux compris dans les remarques 194-481).

Estimer Antoine, chérir Eugène, donner un livre, garnir une boîte, souffrir une injure, fendre une bûche, chanter une chanson, être guéri, perdre une plume, détruire un soupçon, arrêter un voleur, prédire une éclipse, raconter une histoire, avertir officieusement, être fatigué, se promener habituellement, être volé, plier une lettre, rendre un service, tomber à la renverse, pourvoir à ses besoins, parler éloquemment, haïr extrêmement, être secouru, médire injustement, mener un enfant, être fêté, se reposer à l'ombre, être honoré, plaire à sa tante, prescrire un remède, avouer une faute, entrer avec bruit, être découvert, s'emparer audacieusement, être soutenu, compter attentivement, nourrir un lapin, être peint, défendre une redoute, construire un fort, se moquer adroitement, se repentir amèrement.

Appeler Eugène, grommeler avec humeur, peler une pomme, amonceler insensiblement, modeler une statue, geler ici, atteler un cheval, ciseler adroitement, niveler un terrain, jeter une pierre, caqueter avec bruit, marqueter une étoffe, projeter un voyage, acheter un livre, crocheter une serrure.

Commencer une affaire, lacer un corset, menacer un voisin, amorcer un fusil, effacer une tache, grimacer en parlant, voyager en voiture, neiger abondamment, ménager une entrevue, nager habilement, affliger un ami, obliger un voisin, plonger habilement, manger une poire, ranger une chambre, lier une gerbe, remercier honnêtement, étudier une leçon, remédier aux abus, nier un fait, humilier un arrogant, s'écrier avec force, payer une dette, s'ennuyer à attendre, ployer une branche, essayer un habit, guerroyer avec fureur, balayer un escalier, envoyer une lettre, s'égayer en travaillant.

Créer une école, suppléer à tout, nouer un ruban, louer un champ, remuer une pierre.

Dépecer une volaille, mener un char, lever un fardeau, révéler un secret, répéter une leçon, révérer un vieillard.

Atteindre un but, valoir un denier, mettre un chapeau, croire à l'évangile, savoir une nouvelle, se connaître en peinture, rire aux larmes, suivre un cours, bouillir avec force, teindre une toile, mouvoir une roue, dire une prière, pleuvoir à seaux, suspendre une guitare, faire une farce, dormir en paix, écrire avec élégance, naître en criant, voir une cerise, plaindre un malheureux, boire abondamment, fuir avec vitesse, prendre une revanche, pouvoir être utile, vouloir énergiquement, offrir un présent, vaincre un rival, déchoir à regret, ouvrir une porte, vivre avec économie, résoudre une question, s'abstenir avec prudence, traire une chèvre, lire une histoire, coudre une robe, rompre un bâton, concevoir un soupçon, tenir une plume, falloir aujourd'hui, ceindre un épée, courir habilement, devoir une visite, mentir audacieusement, conclure un traité, aller en ville, parler étourdiment, s'asseoir à l'ombre, moudre habilement, cueillir une fleur, se battre avec adresse, vêtir un enfant, confire une pêche, clore une fenêtre, faillir à regret, recevoir affablement, venir à temps, éteindre une lampe, surseoir à un jugement, nuire imprudemment, joindre avec effort, mourir en priant, échoir aujourd'hui, acquérir un emploi, convaincre un incrédule, peindre un buste, éclore au point du jour, choir à tout moment, croître avec vitesse, luire avec éclat, secourir un ami, maudire à regret, couvrir un toit, apprendre une leçon, craindre une réprimande, se souvenir avec plaisir, reconnaître un bienfait 220.

XVIII.

Tournez au passif les phrases suivantes:

Le maître aime Paul. Pierre a frappé Eugène. J'ai lu ce livre. Cet enfant étudie une leçon. Le chien hait le chat. La brebis recherche le serpolet. La vertu rend l'homme heureux. Le plaisir amène le dégoût. Ma tante me donnera une récompense. Nous recevons souvent des éloges que nous ne méritons pas. Simon conduit sa charrue. Ce berger garde son troupeau. La punition que l'on a infligée à Antoine, ne l'a pas corrigé. L'étude me procure de biens doux moments. Vous avez écrit à votre frère une lettre à laquelle il n'a rien répondu.

XIX.

Ecrivez correctement les phrases suivantes :

On m'a assuré que la terre tournait 224. Je lus 225 ce matin un chapitre de Télémaque. J'allai 225 voir Eugène au commencement de cette semaine, et je le trouvai 225 dans sa bibliothèque. Il m'apprit 225 l'autre jour qu'Antoine voyageait 224 en ce moment. Il était 224 hier à Lyon. On m'a assuré que son voyage durerait 231 six mois, et qu'il serait 231 de retour à la Pentecôte. Je lui écrirais 231, si j'en avais le temps. Vous avez élevé cet orphelin; j'aurais juré que vous feriez 232 cette bonne action. Je ne crois pas que Paul est 233 ici. Je crains que ce livre n'est 233 égaré. Je doute qu'il viendra 233. Vous êtes le premier à qui j'ai 235 raconté cette affaire. Quelque menace que vous me faisiez 236, je remplirai mes obligations. Mon père permet que je vinsse 238; il doute que j'eusse étudié 238 hier ma leçon. Il faudrait que les enfants soient 239 toujours dociles. Je n'ai pas voulu que mon frère m'attende 239. Il voudrait que nous ayons fini 239 demain. J'ai craint qu'il ne tombe 239. J'aurais mieux aimé que cet accident arrive 239 hier. J'ai toujours fait des vœux, pour que l'événement dont nous sommes témoins, eût 240 lieu.

XX.

Ecrivez correctement les phrases suivantes :

Au moment où cette dame était la 107 plus chagrine, je lui ai rendu sa gaîté. C'est la dame le 108 plus aimable que j'ai 235 connue. Je désires 244 que la petite Émilie devînt 233 savant 120. J'ai vu des hommes 52 ignorant 120 qui croyait 244 tout se 138 qu'on leurs 136 disais 144. Leur 117—120 habitudes était 244 vicieuse 120 : leurs 117—120 conversation étaient 244 ennuyeux 120, et révélai 244 à chaque mot l'ignorance dans lequel 147 ils était 244 plongés. Les hommes 52 et les chevals 56 était fatigué 245 : on leurs 136 as 244 donné un jour de repos. Les livres de Pierre à tombé 205—244 dans un des ruisseaus 54 qui arrose 253 le village. Sophie et Justin habite 245 la ferme. Vous et moi, vous avez 246 été trompés. Lui et moi est 246 content. Moi 247 et vous, nous sommes égal 120. Votre sœur a une intelligence, une pénétration peu communes 124. Il y a des hommes doué 120 d'une force et d'une adresse extraordinaire 121. Cette dame chante avec une grâce, un aplomb étonnant 124. La justice et l'indulgence n'est 245 pas incompatible 121. Vous ou moi ira 248 la voir. Mon frère ou ma sœur écriront 248. Il y avait une place vacant 120, qui étais 244 briguée par Antoine et par Jérôme; mais ni l'un ni l'autre ne l'ont 249 obtenue. Sa clémence, sa bonté, sa douceur, lui gagnaient 250 tous les cœurs. Chevaux, soldats, officiers, généraux 56, tout disparurent 251. Les meilleur 120 dispositions s'éteigne 144 faute de soins. L'honneur et la vertu est 245 inséparable 121. Monsieur, vous êtes trop obligeants 252, trop aimables 252. Eugène il est studieux 258. La vertu elle me plaît 258. Les hommes ils sont injustes 258. Les roses elles sont fanées 258.

XXI.

Ecrivez correctement les phrases suivantes :

C'est à ma sœur à qui 261 vous avez assuré que vous viendriez 231 me voir. La personne que je vous parle 158—188, est honnête. J'en ignore 157-184. Je l'ai obéi 158—188. L'affaire que 158 je me plains, elle 258 vous est connue. C'est à vous à qui 261 j'en parlait 244 l'autre jour. C'est sur lui sur qui 261 je comptais. Ce jeune homme est estimé par 262 tout le monde. Pierre a été battu de 262 Paul. Vous êtes sensible et reconnaissant de ce bienfait 128. J'aime et je vais souvent à la pêche 266. J'aime la promenade et à chasser 265. J'apprécie et je suis fier de votre amitié 266. J'apprends la grammaire et à écrire 265. J'ai rencontré et je me suis réconcilié avec Eugène 266. La vertu est préférable et plus nécessaire que la science 128. Tu as donné à ton petit frère une image 274 ; montre-moi-la 274. Tu as reçu des oranges, des amandes et des figues de Lyon 275 ; donne-nous les 274.

XXII.

Ecrivez correctement les phrases suivantes :

J'ai connu des personnes charmant 277—279, faisan 276—278 l'ornement des salons, prévenant * tous les désirs, écoutant * avec complaisance, parlant * avec aisance, riant * avec tout le monde, causant * sans cesse, et faisant * rire. Ces prairies, exhalant * d'agréables odeurs, sont ravissant *. Les hommes rampant * aux

pieds des grands, sont aussi méprisables que les animaux rampant *. Ces livres sont très-intéressant *. Cette affaire, vous intéressant *, ne sera pas négligée. Je méprise les enfants ignorant *,
et j'aime ceux qui est 253 obligeant *. Mes voisins, ignorant *
Ce malheur, riaient 244 de ma tristesse. Je les ai vus obligeant *
leurs amis dans la détresse, et les édifiant * par leurs discours. Ce
prédicateur fait des sermons édifiant *.

XXIII.

Ecrivez correctement les phrases suivantes :

Un habit sali, une chemise froissé, une casquette troué, des
feuillets arraché, un champ labouré, la moisson fini, des lettres
reçu, une somme perçu, une fenêtre ouvert, une amitié feint, des
cheveux frisé, une phrase écrit 281. La salle est rempli, le bois est
brûlé, ces leçons sont oublié, la lampe est éteint, la classe est terminé, les enfants sont fatigué, ces questions ont été résolu, les dif-
ficultés avaient été aplani, les méchants sont craint, les ennemis
sont vaincu, les paresseux seront puni, mes conseils on été suivi, la
ville est pris 282.

XXIV.

Ecrivez correctement les phrases suivantes :

Des éclairs ont brillé, le tonnerre a grondé, la maison a tremblé,
les enfants ont frémi. Mes filles ont écrit, elles ont ri, elles ont
chanté 283.

J'ai admiré les campagnes; tu as vu les moissonneuses, tu as
entendu leurs chansons. Paul a examiné votre écriture; il a raconté une histoire. Nous avons côtoyé la Moselle 286.

Les livres que vous avez achetés 284 ont été déposé 282 dans
la bibliothèque. La bienveillance dont vous avez honoré 286 mes
fils, les a beaucoup flatté 284. Les mouches que j'ai entendu 291
bourdonner, ont troublé 286 mon sommeil. Ces conseils qui vous
ont déplu 289, sont dicté 282 par la raison. Cette conduite, que
vous avez blâmé 284, est très-louable. Les oiseaux que vous avez
entendu 291 gazouiller dans cette charmille, se sont tû 287, dès
qu'ils nous ont vu 284. Les fleurs que j'ai vu 292 cueillir par ces
dames, sont celles que vous avez cultivé 284 avec le plus de
soin. Les juges se sont occupé 287 de cette affaire, aussitôt qu'ils
l'ont pu 292. Ils se la sont fait 292 raconter par des témoins ocu-
laires. La maison que vous avez cru 293 que j'habitais, s'est

écroulé 287. Les heures que j'ai dormi 289, se sont écoulé 287 rapidement. Les canaux que l'ingénieur a fait 292 creuser, ont beaucoup souffert 289 des mauvais temps qu'il a fait 290. Les ciel-de-lits 373 que j'ai commandé 294 que l'on fasse 239, sont terminé 282. Deux enfants se sont battu 287 ce matin, et se sont donné 288 des 398 mauvais coups. Les soldats à qui cette citadelle était confié 282 l'ont défendu 284 avec courage; les deux partis se la sont disputé 287 pendant deux jours. Les vainqueurs se sont montré 287 généreux, et se sont attiré 288 l'estime des vaincus. Le commandant a parlé 289, et les mutins se sont tû 287. Combien de livres intéressant 277 j'ai trouvé 284 dans cette bibliothèque! Il me manquait des plumes; je m'en suis procuré 295. J'avais deux fils; je les ai fait 284 laboureurs. Mes voisins m'ont fait 286 tous les maux qu'ils ont pu 292. Cette forêt est moins sombre, qu'on ne l'avait dit 294. Les passe-port 374 que vous avez envoyé 292 chercher, ils 258 sont moins coûteux que je ne l'avais pensé 294. Les troupeaux que vous avez vu 291 bondir dans la prairie, ont péri 289 cet hiver. Les jours que cette fleur a vécu 289, sont faciles à compter. Les bottes de paille que vous avez descendu 284, sont employé 282. Les fourmis que ma sœur a senti 291 courir sur sa main, l'ont averti 284 qu'elle était placé 282 près d'une fourmillière. Ils se sont montré 287 reconnaissant 277 des bontés que vous avez eu 284 pour eux. Combien de fleurs ils ont cueilli 284! Combien de neige il a tombé 290!

XXV.

Formez des adverbes avec les adjectifs compris dans l'exercice n° IX, après avoir dit comment se forment ces adverbes.

XXVI.

Désignez les propositions contenues dans les phrases suivantes, et marquez la ponctuation.

Autrefois Prognée l'hirondelle
De sa demeure s'écarta
Et loin des villes s'emporta
Dans un bois où chantait la pauvre Philomèle
Ma sœur lui dit Prognée comment vous portez-vous
Voici tantôt mille ans que l'on ne vous a vue
Je ne me souviens point que vous soyez venue

Depuis le temps de Thrace habiter parmi nous
Dites-moi que pensez-vous faire
Ne quitterez-vous point ce séjour solitaire
Ah reprit Philomèle en est-il de plus doux
Prognée lui répartit Eh quoi cette musique
Pour ne chanter qu'aux animaux
Tout au plus à quelque rustique
Le désert est-il fait pour des talents si beaux
Venez faire aux cités éclater leurs merveilles

XXVII.

Ecrivez correctement les phrases suivantes :

La caisse que j'ai reçu 284 de messieurs Simons 369 frères, est endommagé 282. Tous les siècles ne produisent pas des Bossuet 370, des Fénelon 370, des Turenne 370. Les Scipions 369 étaient des 398 grands généraux. Ces cerf-volant 373 ne s'élèvent pas. Ces abats-jours 376 sont incommode 120. Une foule d'enfants mal élevés s'est jeté 287—381 sur un homme qui passait ; la compagnie des pompiers ont alors arrivé 380—206, et la paix s'est rétablie 287. C'est à cette compagnie à qui 260 nous en sommes redevables. Ces hommes sont les premiers que l'on a 235 vu 291 porter moustache ; mais une partie d'entre eux ne tarda 381 pas à la 422 couper. Thomas est le dernier qui l'a 422—235 conservé 284. Cette barbe était le 108 plus longue que j'ai 235 remarqué 284. Marie est un 385 enfant très-sage. J'ai bu de la bonne bière 398 et mangé des excellentes oranges 398 à Marseille. Toutes 389 les honnêtes gens s'estiment les unes 880 et les autres 436. Les bons gens 288 et les gens prudentes 388 sont rares.

XXVIII.

Ecrivez correctement les phrases suivantes :

Ce champ contient trois omées et demi 402 ; j'en ai vendu 295 une demie-omée 401. Il était nue-tête 401, et avait les jambes nu 402. C'est un très-immense 406 travail, et fort supérieur 406 à ce qui a été fait jusqu'alors. Je connais deux cent 408 personnes qui ont tombé 205 dans des fautes semblables, et mêmes 415 plus grossières 481. Ce jardin est beau ; mais ses 412 allées sont trop étroites ; j'y ai compté quatre-vingt 408 laitues, deux cent dix 408

cornichons, et quatre-vingts-six 408 chou-fleur 372. L'an mille 410
huit cent, la maison de mon père fut brûlée 282. Partout on rencontre les même 414 abus, les même 414 préjugés ; les pauvres,
les riches, les ignorants, les savants mêmes 415, tout le monde
concourent 251 à les maintenir. J'achèterai 481 ces livres, quelqu'ils 417 soient, quelques 418 vieux qu'ils soient, quelque 416
remontrances que vous me fassiez, et quoique 476 vous me disiez.
Il y a quatre mille 411 de distance entre ce village et Londres. Ce
429 sont nous qui ont 253 fait tout 419 ces jolies choses ; en les
voyant, mes sœurs ont été toutes 420 étonnées, et tout 421 con-
tentes. Mademoiselle, êtes-vous majeure ? Je la 424 suis. Ce chapeau est-il le vôtre ? C'est lui 426. Mademoiselle est sans doute la
couturière ? Je le 423 suis. L'état à qui 431 je destine mes enfants,
est l'agriculture. Ces messieurs sont-ils les musiciens ? Nous le 423
sommes. Antoine s'occupe toujours de soi 425. Êtes-vous sages,
mes enfants ? Nous les 424 sommes.

XXIX.

Écrivez correctement les phrases suivantes :

Cette femme a tombé 205 dans un puits, mais on l'a retiré 284
de lui 426. Vous ignorez quelle somme ont coûté 446 les oranges
que cette dame s'est procuré 287. Je croyais ma mère chez elle,
mais elle a sorti 444. Je suis monté 445 trois fois dans sa chambre.
Les politesses que ce cadeau m'a valu 445, m'ont amusé 284. Je
suis demeuré 449 trois ans rue de l'Arbalète. Les peines que ce
procès a coûté 445 à ma tante, n'ont pas été perdu 282. Que vois-
je ! Qu'entends-je ! Dors-je 438 ou veille-je 439 ! Que pensera-on
440 ? Ces enfants sont tombé 282 à terre 470, et se sont meurtri
288 les jambes. Il a demeuré 450 infirme. La poire que j'ai vu 291
se détacher de l'arbre et tomber par terre 470, a été ramassé 282
par un petit garçon, qui passait auprès de 462 cet arbre. Je suis
tour-à-tour à la ville et 471 la campagne. Voilà une dame qui s'est
mal comporté 287 vis-à-vis de 466 moi. Il faut toujours avoir l'air
décente 455 ; songe-y 441, mon fils. Cette poire a l'air bon et fon-
dant 456 ; coupe-en 441 un quartier. Mon frère est toujours prês
464 d'obliger. Il faut faire ceci où 523 cela, auparavant de 461
sortir. Le feu est déjà 525 prêt 463 a 524 s'éteindre. Que dira-on
440, des 424 qu'on saura ce qui est du 529 au fils du 529 notaire ? Savez-vous d'où 523 viennent les pâtisseries que j'ai mangé
284 ? Elles m'ont causé une indigestion 515.

ANALYSE GRAMMATICALE.

L'analyse grammaticale consiste à dire à quelle partie du discours chaque mot d'une phrase appartient, et quelle fonction il remplit dans cette phrase, c'est-à-dire, s'il est sujet, verbe, attribut, complément ou en apostrophe.

Il faut dire en outre :

En parlant du nom, si c'est un nom propre ou un nom commun. s'il est masculin ou féminin, au singulier ou au pluriel;

En parlant de l'article, quel en est le genre et le nombre :

En parlant de l'adjectif, à quelle sorte d'adjectifs il appartient, à quel genre et à quel nombre il est employé;

En parlant du pronom, à quelle sorte de pronoms il appartient, de quelle personne il est, à quel genre et à quel nombre il est employé; et si c'est un pronom relatif, quel en est l'antécédent ;

En parlant du verbe, à quelle sorte de verbes et à quelle conjugaison il appartient ; à quel mode, à quel temps, à quelle personne et à quel nombre il est employé.

Quant à l'adverbe, à la préposition, à la conjonction et à l'interjection, ces mots, étant invariables, n'exigent aucun développement.

Modèles d'analyse grammaticale.

I.

Dieu est bon et miséricordieux. L'enfant indocile est un fléau. Travailler est honorable. Les souvenirs de l'homme de bien sont pleins de charme, et féconds en douces pensées. Cela est difficile à croire.

Dieu	nom propre, masculin sing. — sujet de *est*.
est	verbe substantif au présent de l'indicatif, 3ᵉ personne du singulier, 4ᵉ conjugaison.
bon	adjectif qualificatif, masculin singulier. — attribut du sujet *Dieu*.
et	conjonction.
miséricordieux	adject. qualif. masc. sing. — attribut du sujet *il*.
	L'enfant pour le *enfant.*
Le	article masc. sing. — annonce que *enfant* est déterminé.
enfant	nom commun, masc. sing. — sujet de *est*.
indocile	adject. qualif. masc. sing — qualifie *enfant*.
est	verbe subst. au prés. de l'ind. 3ᵉ pers. du sing. 4ᵉ conjug.
un	adject. num. cardinal. masc. sing. — détermine *fléau*.

fléau.	nom com. masc. sing.—attribut du sujet *enfant.*
Travailler	verbe actif, au prés. de l'infinitif, 1re conjug. — sujet de *est.*
est	verbe subst. au prés. de l'ind. 3e pers. du sing. 4e conjug.
honorable.	adj. qual. masc. sing. — attrib. du sujet *travailler.*
Les	art. masc. plur. — annonce que *souvenirs* est déterminé.
souvenirs	nom com. masc. plur. — sujet de *sont.*
de	préposition.

l'homme pour *le homme.*

le	art. masc. sing. — annonce que *homme* est déterminé.
homme	nom com. masc. sing. — compl. indirect de *souvenirs.*
de	préposition.
bien	nom com. masc. sing.—comp. indir. de *homme.*
sont	verbe subst. au prés. de l'ind. 3e pers. plur. 4e conj.
pleins	adj. qualif. masc. plur. — attribut de *souvenirs.*
de	préposition.
charme,	nom com. masc. sing. — comp. indir. de *pleins.*
et	conjonction.
féconds	adject. qualif. mas. pl. — attribut de *souvenirs.*
en	préposition.
douces	adject. qualif. fém. plur. — qualifie *pensées.*
pensées.	nom com. fém. plur. —comp. ind. de *féconds.*
Cela	pronom démonst. masc. sing. — sujet de *est.*
est	verbe subst. au prés. de l'ind. 3e pers. du sing. 4e conjug.
difficile	adj. qualif. masc. sing.—attribut du sujet *cela.*
à	préposition.
croire.	verbe actif, au présent de l'infinitif, 4e conjug.— comp. indirect de *difficile.*

ANALYSEZ DE MÊME :

L'égoïsme est méprisable. Les Romains étaient belliqueux. Une guerre injuste est une calamité. Une bonne conscience est un trésor. Manger est un besoin, étudier est un devoir. L'amour du plaisir est souvent funeste. Les jeux de l'enfance sont bruyants et souvent accompagnés de gestes comiques. Ce spectacle est beau à voir. Cet homme est las de chanter.

II.

Le soleil paraît. J'étudie ma leçon. Tu as effrayé ces oiseaux. Émilie sait broder; elle a partagé son gain entre chacune de ses sœurs. Le désir de briller fait commettre de grandes fautes. Le temps met un terme aux afflictions.

Le	art. m. s. — annonce que *soleil* est déterminé.
soleil	nom com. masc. sing. — sujet de *paraît*.
paraî.	verbe neutre, au prés. de l'ind. 3ᵉ pers. du sing. 4ᵉ conjug.

J'étudie pour je étudie.

Je	pronom pers. 1ʳᵉ pers. du m. s. — sujet de *étudie*.
étudie	verbe act. au prés. de l'ind. 1ʳᵉ pers. du sing. 1ʳᵉ conj.
ma	pronom possessif fém. sing. — annonce que *leçon* est déterminé.
leçon.	nom com. fém. sing. — comp. direct de *étudie*.
Tu	pron. pers. 2ᵉ pers. du m. s. — sujet de *as effrayé*.
as effrayé	verbe act. au passé indéfini 2ᵉ pers. du sing. 1ʳᵉ conj.
ces	pronom démonstratif masc. plur. — annonce que *oiseaux* est déterminé
oiseaux.	nom com. masc. plur. — comp. dir. de *as effrayé*.
Emilie	nom propre fém. sing. — sujet de *sait*.
sait	verbe act. au prés. de l'ind. 3ᵉ pers. du sing. 3ᵉ conj.
broder ;	v. act. au pr. de l'inf. 1ʳᵉ conj. — comp. dir. de *sait*.
elle	pron. pers. 3ᵉ pers. du fém. s. — sujet de *a partagé*.
a partagé	v. act. au passé ind. 3ᵉ pers. du sing. 1ʳᵉ conj.
son	adject. posses. masc. sing. — annonce que *gain* est déterminé.
gain	nom com. masc. sing. — comp dir. de *a partagé*.
entre	préposition.
chacune	pronom ind. fém. sing. — c. ind. de *a partagé*.
de	préposition.
ses	adj. posses. fém. plur. — annonce que *sœurs* est déterminé.
sœurs.	nom com. fém. plur. — c. indir. de *chacune*.
Le	art. masc. sing. — annonce que *désir* est déterminé.
désir	nom com. masc. sing. — sujet de *fait*.
de	préposition.
briller	v. n. au prés. de l'inf. 1ʳᵉ conj. — c. ind. de *désir*.
fait	v. act. au prés. de l'ind. 3ᵉ pers. du sing. 4ᵉ c.

commettre   v. actif auprés. de l'inf. 4ᵉ conj.—comp. dir. de *fait*.

de   préposition employée dans un sens partitif.

grandes   adj. qualif. fém. plur. — qualifie *fautes*.

fautes.   nom com. fém. plur. — c. dir. de *commettre*.

Le   art. masc. sing. — annonce que *temps* est déterminé.

temps.   nom com. masc. sing. — sujet de *met*.

met   v. act. au prés. de l'ind. 3ᵉ pers. du sing. 4ᵉ conjug.

un   adj. num. cardinal, masc. sing. — annonce que *terme* est déterminé.

terme   nom com. masc. sing. — comp. direct de *met*.

     aux pour *à les*.

à   préposition.

les   art. fém. pl. — annonce que *afflictions* est déterminé.

afflictions.   nom com. fém. plur. — comp. indirect de *met*.

ANALYSE DE MÊME :

L'enfant dort. Le cheval hennit et mord son frein. Je regarde les étoiles. Nous aimons nos parents. Tu répéteras cette chanson. Vous irez à la promenade. Ils désirent répondre. Marie a reçu de sa tante un panier de pommes. Elle aime à travailler (*voyez la note de la page* 70). L'envie de plaire a ses dangers. L'amour de la patrie fait battre le cœur des bons citoyens.

III.

Mon aimable sœur, tu t'ennuyais auprès d'Hortense ; sa cousine, qui lui a succédé, te plaît davantage ; mais elle vient de nous quitter. Prêtez-moi le livre que vous lisiez hier. On ne regrette pas des plaisirs dont on se repent.

Mon   adj. poss. f. s. — annonce que *sœur* est déterminé.

aimable   adj. qualif. fém. sing. — qualifie *sœur*.

sœur,   nom com. fém. sing. — mis en apostrophe.

tu   pronom pers. 2ᵉ pers. du f. s. — sujet de *ennuyais*.

     t'ennuyais pour *te ennuyais*.

te   pronom pers. 2ᵉ pers. du f. s. — comp. dir. de *ennuyais*.

ennuyais   v. pronom. à l'imparf. de l'ind. 2ᵉ pers. du s. 1ʳᵉ conj.

     auprès d'Hortense pour *auprès de Hortense*.

auprès de   locution prépositive.

Hortense ;   nom propre f. s. — comp. ind. de *ennuyais*.

sa — adj. poss. f. s. — annonce que *cousine* est dé-terminé.

cousine, — nom commun féminin sing. — sujet de *plaît*.

qui — pronom relatif, 3e pers. du fém. sing. — sujet de *a succédé*. — son antécédent est *cousine*.

lui — pron. pers. 3e pers. du f. s. — comp. ind. de *a succédé*.

a succédé, — v. n. au passé indéf. 3e pers. du s. 1re conjug.

te plaît pour *plaît à toi*.

plaît — v. n. au prés de l'ind. 3e pers. du s. 4e conjug.

à — [réposition.

toi — pron. pers. 2e pers. du f. s. — comp. ind. de *plaît*.

davantage; — adverbe. — modifie *plaît*.

mais — conjonction.

elle — pronom pers. 3e pers. du f. s. — sujet de *vient*.

vient — v. n. au prés. de l'ind. 3e pers. du sing. 2e conj.

de — préposision.

nous — pr. pers. 1re pers. du m. pl. — comp. direct de *quitter*.

quitter. — v. act. au pr. de l'inf. 1re conj. comp. indir. de *vient*.

Prêtez — v. act. à l'impér. 2e pers. du plur. 1re conj.

moi pour *à moi*.

à — préposition.

moi — pronom pers. 1re p. du m. s. — comp. indir. de *prêtez*.

le — article m. s. — annonce que *livre* est déterminé.

livre — nom com. m. s. — comp. direct de *prêter*.

que — pronom relatif, 3e pers. du m. s. — rég. dir. de *lisiez*. — son antécédent est *livre*.

vous — pron. pers. 2e pers. du m. pl. — sujet de *lisiez*.

lisiez — v. act. à l'impar. de l'ind. 2e pers. du pl. 4e conj.

hier. — adverbe. — modifie *lisiez*.

On — pronom idééfini m. s. — sujet de *regrette*.

ne pas — adverbe de négation.

regrette — v. act. au prés. de l'ind. 3e pers. du sing. 1re conj.

des pour *de les*.

de — préposition employée dans un sens partitif.

les — art. m. pl. — annonce que *plaisirs* est déterminé.

plaisirs — nom. com. m. plur. — complément direct de *regrette*.

dont — pronom relatif 3e pers. du m. plur. — complém. indir. de *repent*. — son antécédent est *plaisirs*.

on — pronom indéfini masc. sing. — sujet de *repent*.

se	pronom pers. 3e pers. du masc. sing. — compl. direct de *repent*.
repent.	verbe pron. au prés. de l'ind. 3e pers. du sing. 2e conjug.

ANALYSEZ DE MÊME :

La vertu vous plaît, Émilie ; elle me plaît aussi, et j'estime ceux qui la pratiquent. Mon frère vient de s'éloigner ; ce qu'il nous contait, nous a beaucoup amusés. Racontez-moi ce que vous lui avez dit. Quand j'aurai ces livres, je les ferai relier, et je leur réserverai dans ma bibliothèque le rang auquel ils ont droit. On doit se défaire de ses mauvaises habitudes (1).

IV.

On n'apprécie pas la santé, quand on en jouit. Ceux qui aiment l'étude, s'y adonnent avec plaisir. Je hais les menteurs, quels qu'ils soient. C'était à Eugène que je parlais. Je l'ai entendu chanter.

On	pron. indéfini masc. sing. — sujet de *apprécie*.
	n'apprécie pour *ne apprécie*.
ne pas	adverbe de négation.
apprécie	v. act. au prés. de l'ind. 3e pers. du sing. 1re conj.
la	article fém. sing. — annonce que *santé* est déterminée.
santé	nom. com. fém. sing. — complément direct de *apprécie*.
quand	conjonction.
on	pronom indéf. masc. sing. — sujet de *jouit*.
en	pronom pers. 3e pers. du fém. sing. — complém. indirect de *jouit*.
jouit.	v. n. au prés. de l'ind. 3e pers. du sing. 2e conj.
Ceux	pron. démonst. masc. plur. — sujet de *adonnent*.
qui	pronom relatif 3e pers. du masc. plur. — sujet de *aiment*. — son antécédent est *ceux*.
aiment	v. act. au prés. de l'ind. 3e pers. du plur. 1re conj.
	l'étude pour *la étude*.
la	art. fém. sing. — annonce que *étude* est déterm.
étude,	nom com. fém. sing. — compl. dir. de *aiment*.
	s'y pour *se y*.
se	pron. pers. 3e pers. du masc. plur. — complém. direct de *adonnent*.
y	pron. pers. 3e pers. du fém. sing. — complém. indirect de *adonnent*.

(*) Une partie des exercices orthographiques pourront servir de matière d'analyse.

adonnent	verbe pronom. au prés. de l'ind. 3ᵉ pers. plur. 1ʳᵉ conjug.
avec	préposition.
plaisir.	nom com. masc. sing. — complément indirect de *adonnent.*
Je	pronom pers. 1ʳᵉ p. du masc. s. — sujet de *hais.*
hais	v. act. au prés. de l'ind. 1ʳᵉ pers. du sing. 2ᵉ conj.
les	art. m. pl. — annonce que *menteurs* est déterm.
menteurs,	adj. qualif. masc. plur. employé nominativement. — complément direct de *hais.*
quels	adj. indéf. masc. plur. — détermine *ils.*
qu'ils	pour *que ils.*
que	conjonction.
ils	pron. pers. 3ᵉ pers. du masc. pl. — sujet de *soient.*
soient.	v. subst. au prés. du subj. 3ᵉ pers. plur. 4ᵉ conj.
C'était	pour *ce était.*
Ce	pron. démonst. masc. sing. — sujet de *était.*
était	verbe sub. à l'imp. de l'ind. 3ᵉ pers. du sing. 4ᵉ conjug.
à	préposition.
Eugène	nom propre masc. sing. — complément indirect de *parlais.*
que	conjonction.
je	pron. pers. 1ʳᵉ pers. du masc. sing. — sujet de *parlais.*
parlais.	v. n. à l'imp. de l'ind. 1ʳᵉ pers. du sing. 1ʳᵉ conj.
Je	pron. pers. 1ʳᵉ pers. du masc. sing. — sujet de *ai entendu.*
l'ai	pour *le ai.*
le	pron. pers. 3ᵉ pers. du masc. sing. — complém. direct de *ai entendu.*
ai entendu	v. act. au passé indéf. 1ʳᵉ pers. du sing. 4ᵉ conj.
chanter	pour *chantant.*
chantant.	partic. prés. du verbe *chanter* — qualifie *le.*

ANALYSEZ DE MÊME :

Cette forêt est dangereuse, éloignez-vous-en. Si vous voulez des plumes, j'en ai. Ce bouquet est trop petit, j'y ajouterai quelques fleurs. Cette rivière est sûre, personne ne s'y noie. Quelque rusé que vous soyez, fuyez les charlatans, et ne vous y fiez pas. Quoi que vous disiez, j'achèterai ces livres, quels qu'ils soient. C'était pour ma sœur que j'avais cueilli ces violettes. Ce sera à Pâques que les vacances auront lieu. Paul est absent; je l'ai vu partir, et j'ai entendu son chien aboyer.

V.

Il importe de travailler. Il y a des devoirs difficiles à remplir.

Ce sont de jolies fleurs, plus belles que les vôtres. Heureux les hommes sages. J'ai fait ce que j'ai pu.

Il	pron. pers. 3ᵉ pers. du masc. sing. — sujet *apparent* de *importe*.
importe	v. unip. au prés. de l'ind. 3ᵉ pers. du s. 1ʳᵉ conj.
de	préposition.
travailler.	v. n. au prés. de l'inf. 1ʳᵉ conjug. — sujet *réel* de *importe*.
Il	pron. pers. 3ᵉ pers. du masc. sing. — sujet *apparent* de *a*.
y	adverbe — modifie *a*.
a	v. unip. au prés. de l'ind. 3ᵉ pers. du s. 3ᵉ conj.

des pour *de les.*

de	préposition employée dans un sens partitif.
les	art. m. pl. — annonce que *devoirs* est déterm.
devoirs	nom com. masc. plur. — sujet *réel* de *a*.
pénibles.	adj. qualif. masc. plur. — qualifie *devoirs*.
Ce	pron. démonst. masc. sing. — sujet de *sont*.
sont	v. sub. au prés. de l'ind. 3ᵉ pers. pl. 4ᵉ conj.
de	préposition employée dans un sens partitif.
jolies	adj. qualif. fém. plur. — qualifie *fleurs*.
fleurs,	nom com. fém. plur. — attribut de *ce*.
plus	adverbe — modifie *belles*.
belles	adj. qualif. fém. plur. — qualifie *fleurs*.
que	conjonction.
les vôtres	pron. poss. f. pl. — sujet de *sont* sous-entendu.

sous-entendu *ne sont belles.*

ne	adverbe de négation.
sont	v. nom. au prés. de l'ind. 3ᵉ pers. pl. 4ᵉ conj.
belles.	adj. qualif. fém. plur. — qualifie *les vôtres*.
Heureux	adj. qualif. masc. plur. — attribut de *hommes*.

sous entendu *sont.*

sont	v. sub. au prés. de l'ind. 3ᵉ pers. plur. 4ᵉ conj.
les	art. m. pl. — annonce que *hommes* est déterminé.
hommes	nom com. masc. plur. — sujet de *sont*.
sages.	adj. qualif. masc. plur. — qualifie *hommes*.

J'ai pour *je ai.*

Je	pron. pers. 1ʳᵉ pers. du mas. s. — sujet de *ai fait*.
ai fait	v. act. au passé déf. 1ʳᵉ pers. du sing. 4ᵉ conj.
ce	pron. démonst. masc. sing. — complément dir. de *ai fait*.
que	pron. rel. 3ᵉ pers. du m. s. — compl. direct de *faire* sous-entendu. — son antécédent est *ce*.

j'ai pour *je ai.*

je	pron. pers. 1ʳᵉ pers. du m. s. — sujet de *ai pu*.
ai pu	v. act. au passé déf. 1ʳᵉ pers. du sing. 3ᵉ conjug.

sous-entendu *faire.*

faire.   v. act. au prés. de l'inf. 4ᵉ conj.— compl. direct
de *ai pu.*

ANALYSEZ DE MÊME :

Il faut obéir à ses parents. Il est nécessaire de connaître sa
grammaire. Il arrive des accidents qu'on ne peut prévoir. Il y a
des circonstances pénibles. Il y a des enfants difficiles à élever; ce
sont ceux qui ont de mauvais penchants. Cette écriture est plus
régulière que la mienne. J'aime mieux mon livre que le tien. Honneur aux talents ! Honte aux menteurs ! Je lui ai procuré tous les
plaisirs que j'ai pu.

VI.

Les heures que j'ai dormi, se sont écoulées rapidement. On
s'est battu cette nuit.

Les   art. fém. pl. — annonce que *heures* est déterm.
heures   nom com. fém. plur.— sujet de *sont écoulées.*
     que pour *pendant lesquelles.*
pendant   préposition.
lesquelles   pron. rel. 3ᵉ pers. du fém. plur.— compl. indir.
     de *ai dormi.* — son antécédent est *heures.*
     j'ai pour *je ai.*
je   pron. pers. 1ʳᵉ pers. du masc. plur.— sujet de *ai*
     dormi.
ai dormi,   v. n. au passé indéf. 1ʳᵉ pers. du sing. 2ᵉ conjug.
se   pron. pers. 3ᵉ pers. du fém. plur.— complément
     direct de *sont écoulées.*
sont écoulées   v. pron. au passé indéf. 3ᵉ pers. pl. 1ʳᵉ conjug.
rapidement.   adverbe — modifie *sont écoulées.*
On   pron. indéf. masc. sing — sujet de *est battu.*
     s'est pour *se est.*
se   pron. pers. 3ᵉ pers. du masc. sing. — complém.
     direct de *est battu.*
est battu   verbe pronom. au passé indéf. 3ᵉ pers. du sing.
     4ᵉ conjug.
     sous-entendu *pendant.*
pendant   préposition.
cette   adj. démonst. fém. sing.— annonce que *nuit* est
     déterminé.
nuit.   nom com. fém. sing. — compl. indirect de *est*
     battu.

ANALYSEZ DE MÊME :

Les jours qu'il a vécu, sont faciles à compter. Je travaille dix
heures par jour. La chasse terminée, nous revînmes à la maison.
Réfléchir avant de parler est d'un homme sensé. Un loup se mon-
tra, et les brebis de courir. Les jambes encore meurtries, je con-
tinuai à marcher (346).

HOMONYMES.

A.

AIR, un des quatre éléments, AIRE, où l'on bat le grain, ÈRE chrétienne, ERRE, impér. d'errer, HÈRE, homme sans mérite.

AMANDE, fruit, AMENDE, peine pécuniaire.

ANCRE de vaisseau, ENCRE pour écrire.

ANTRE, caverne, ENTRE, verbe, ENTRE, préposition.

AOUT, l'un des douze mois, OU, adverbe, OU conjonciion.

APPRÊT, subst., APRÈS. prépos.

AU, article, EAU, liquide, AULX, pluriel de ail, ô, oh! ho! interjections.

AUNE, mesure de longueur, AULNE, arbre.

AUSPICE, présage, HOSPICE, hôpital.

AUTEL, pour la célébration du culte, HÔTEL, auberge.

B.

BAL, où l'on danse, BALLE, pour les armes à feu.

BALAI, pour balayer, BALLET, sorte de danse.

BANC, sorte de siége, BAN, publication.

BAS, adj., BAS, chaussure, BAT, selle pour les bêtes de somme, BATS, impér. de battre.

BAUX, pluriel de bail, BEAU, adjectif.

BON, adjectif, BOND, saut.

BUT, fin qu'on se propose, BUTTE, petite élévation de terre.

C.

CAMP, lieu où campe une armée, QUAND, conjonct., QUANT, prép

CELLIER, lieu où l'on serre le vin, SELLIER, fabricant de selles.

CENSÉ. part passé, synonyme de regardé comme; SENSÉ, adject., synonyme de ayant du sens.

CENSE, métairie, CENS, rede-

vance annuelle, SENS, faculté de sentir.

CERF, animal, SERF, esclave.

CESSION, abandon, SESSION, durée de la réunion d'une assemblée délibérante.

CHAINE, lien, CHÊNE, arbre.

CHAIR des animaux, CHAIRE où l'on prêche, CHÈRE, ce qu'on sert dans un repas, CHER, adj., CHER, adverbe.

CHAMP, terre cultivée, CHANT, action de chanter.

CYGNE, oiseau, SIGNE, indice, SIGNE. impér. de signer.

CLAIR, adj., CLERC de notaire.

CLAUSE, disposition d'un acte, CLOSE, partic. passé de clore.

COMTE, possesseur d'un comté, COMPTE, résultat d'un calcul, CONTE, récit fabuleux.

COQ, animal, COQUE, enveloppe de l'œuf.

CORPS d'un animal, COR de chasse, COR au pied.

COU, partie du corps humain, COUP, choc fait en frappant, COÛT, ce qu'une chose coûte.

CRUE, accroissement, CRÛ, part. passé de croire, CRU, CRUE, adject. (qui n'est pas cuit).

D.

DENT, subst., DANS, prépos.

DÉÇU, part. passé de décevoir, DESSUS, adverbe.

DESSEIN, projet, DESSIN, art de dessiner.

DON, cadeau, DONT, pron. relat., DONC, conjonction.

DÛ, participe, DU, article.

E.

ÉCHO, son répété, ÉCOT, dépense dans une auberge.

ENVIE, jalousie, A L'ENVI, adv.

ÉTAIN, métal, ÉTEINT, part. passé d'éteindre.

ÉTANG, amas d'eau, ÉTANT, part. présent.

Eux, pronom, œufs de poules.

F.

Faim, besoin de manger, fin, conclusion, feint, part. passé de *feindre*, fin, délié.

Fait, action, faix, fardeau, fait, part. passé de *faire*.

Faîte, sommet, fête, réjouissance.

Fausse, adj. fém., fosse, trou fait dans la terre.

Faux, adj., faulx, instrument pour faucher, il faut, verbe.

Fil de chanvre, file, rangée, fille, personne du sexe fém.

Foi, croyance, fois (une fois), foie, partie de l'animal, fouet, instrument pour fouetter.

Fond d'un puits, fonds de commerce, fonts baptismaux, font verbe.

G.

Gai, adj., gué, endroit guéable, guet, action de guetter.

Geai, oiseau, jais, verre teint en noir, jet, action de jeter, j'ai, verbe.

Grace, agrément, grasse, adj. f.

Guerre, différend entre les nations, guère ou guères, adv.

H.

Hérault, officier chargé de faire les publications de paix, héros, homme distingué par sa valeur.

Hôte, celui qui donne l'hospitalité, hotte, sorte de panier, ote, impér. d'*ôter*.

Houe, instrument de labourage, houx, arbrisseau.

I.

Il, pronom personnel, île, terre entourée d'eau.

J.

Jeune, adject., jeûne, abstinence, jeûne, impér. de *jeûner*.

L.

La, article et pron. pers., la, adv., lacs, lacets, las, adject. (fatigué).

Lacet, subst., laçait, verbe.

Laid, adject., laie, femelle du sanglier, legs, don fait par testament, lait de chèvre, les, article.

Leur, pronom. leurre, piége.

Lie de vin, lit, meuble où l'on dort, lys, fleur, lis, impér. de *lire*, lie, impér. de *lier*.

Lieu, endroit, lieue, mesure de distance.

M.

Mai, un des douze mois, mais, conjonct., mes, adject. poss., mets, aliments, mets, impér. de *mettre*.

Main, partie du corps humain, maint, adject.

Maire, celui qui est chargé de l'administration d'une commune, mer, océan, mère, femme qui a un enfant.

Maux, plur. de *mal*, mot, parole.

Maître, supérieur, mètre, mesure de longueur, mettre, verbe.

Moi, pronom, mois, l'une des divisions de l'année.

Mon, adjectif possessif, mont, montagne.

Maure, nation, mords, impér. de *mordre*, mors, partie de la bride d'un cheval, mort, fin de la vie.

Mou, adjectif, mou de veau, moue, grimace, moût, vin doux, mouds, impér. de *moudre*.

Mur, muraille, mûres, fruits du mûrier, mûr, adject.

N.

Né, partic., nez, partie du corps humain, net, adject., je nais, verbe.

Neuf, adject. qualif. (qui n'est pas vieux), neuf, adj. numéral, nœud de rubans.

Ni, conjonct., nid d'oiseau, nie, impér. de *nier*.

Nom, subs., non, particule négat.

O.

Ouïe, l'un des cinq sens, oui, particule affirmative, ouï, part. passé de *ouïr*.

P.

PAIN, aliment, PIN, arbre, PEINT, part. passé de *peindre*.

PAIR, homme revêtu de la pairie, PAIR, adject., PÈRE, homme qui a un enfant, PERDS, impér. de *perdre*.

PANSER un cheval, PENSER, réfléchir.

PAR, prépos., PART, substantif, PARE, impér. de *parer*, PARS, impér. de *partir*.

PIEU, bâton pointu, PIEUX, adj.

POÊLE, fourneau, POÊLE, instrument de cuisine, POIL, sorte de duvet qui couvre le corps des animaux.

POIDS, pesanteur, POIS, légume, POIX, résine

PORC, animal, PORES, ouvertures imperceptibles de la peau, PORT de mer.

POULS, battement des artères, POU, insecte.

PRÉS, prairie, PRÊT, subst. action de prêter, PRÊT, adjectif, PRÈS, prépos.

PRIS, participe passé de *prendre*, PRIX, valeur d'une chose.

PUITS, substantif, PUIS, adverbe, je PUIS, verbe.

R.

RAISONNER, faire usage de sa raison, RÉSONNER, retentir.

RAUQUE, adj., ROC, rocher.

ROI, souverain, ROUET, machine pour filer.

ROUE de moulin, ROUX, adjectif.

S.

SAIN, adjectif (en santé), SAINT, adj. (consacré à Dieu), CEINT, part. passé de *ceindre*, CINQ, adjectif numéral, SEIN, partie du corps humain, SEING, signature.

SANG des animaux, SENS, entendement, SANS, prépos., SENS, impér. de *sentir*.

SAUT, action de sauter, SCEAU, cachet, SEAU, vase propre à contenir de l'eau, SOT, adjectif.

SCIE, instrument pour scier, SI, conjonct., SIX, adj. numéral.

SEREIN, adject., SERIN, oiseau.

SERRE, lieu où l'on renferme les plantes, SERRES, pieds des oiseaux de proie, SERRE, impér. de serrer, SERS, imp. de *servir*.

SOI, pron., SOIE, fil produit par le ver à soie, SOIS, verbe subst.

SORT, subst., SAURE, adj., (hareng saure), SORS, impér. de *sortir*.

SOU, monnaie, SOUL, adjectif, SOUS, prépos.

STATUE, figure sculptée, STATUT, réglement.

T.

TAN, écorce propre à tanner, TEMPS, durée, TANT, adverbe, TENDS, imp. de *tendre*.

TANTE, sœur du père ou de la mère, TENTE, pavillon, TENTE, impér. de *tenter*.

TAPI, part. passé de *tapir*, TAPIS, étoffe.

TIRANT, part. présent de *tirer*, TYRAN, despote.

TOI, pronom, TOÎT, couverture des maisons.

TRAIT, subst., TRÈS, adverbe.

TRIBU, peuplade, TRIBUT, impôt.

TROP, a., TROT, action de trotter.

V.

VAIN, adj. qual., je VINS, verbe, VIN, subst., VINGT, adj. num.

VAINE, adj. fém., VEINE, conduit où coule le sang.

VALET, subst., VALAIT, verbe.

VAN, instrument pour vanner, VENT, air chassé avec force., VENDS, impér. de *vendre*.

VER, insecte, VERRE, cristal, VERS, paroles cadencées, VERT, couleur verte, VERS, préposit.

VICE, défaut, VIS d'un pressoir, que je VISSE, imparf. du subj. de *voir*.

VIL, adj., VILLE, subst.

VŒU, subst., VEUX, verbe.

VOIE, chemin, VOIX, son qui sort de la bouche, VOIS, imp. de *voir*.

VOLET, subst., VOLAIT, verbe.

VOTRE, adj. possess., LE VÔTRE, pronom possessif, VAUTRE, impér. de *vautre*.

LOCUTIONS VICIEUSES.

Nedites pas	*Dites.*
Réguiser un canif	Aiguiser un canif.
L'aigredon est un duvet très-fin	L'édredon est un duvet très-fin.
Allumer de la lumière	Allumer du feu, la lampe.
Il m'a agonisé de sottises	Il ma accablé de sottises.
Un antichambre	Une anticchambre.
A nos ages on n'étudie plus	A notre âge, l'âge de chacun.
Une astérique	Un astérique.
Il a des souliers acculés	Il a des souliers éculés.
Elle a abîmé sa robe	Elle a sali sa robe.
C'est un lieu bien airé	C'est un lieu bien aéré.
Apparution	Apparition.
Ajambe un ruisseau	Enjamber un ruisseau.
Voilà un bel angola	Voilà un bel angora.
Le jour d'aujourd'hui	Aujourd'hui.
De la bonne amadou	De bon amadou.
Il faut alargir ce corset	Il faut élargir ce corset.
Un bout de fil d'arechal	Un bout de fil d'archal.
Si tu t'avises de sortir	Si tu oses sortir.
Assis-toi	Assieds-toi.
Un apprentif	Un apprenti, une apprentie.
Une ormoire	Une armoire.
Un atmosphère	Une atmosphère.
Une arche de triomphe	Un arc de triomphe.
Il faut balyer.	Il faut balayer.
Il bègue	Il bégaie.
Des bamboches et un caneçon	Des pantoufles et un caleçon.
Le vin est fait pour boire	Le vin est fait pour être bu.
Vous avez rempli le but	Vous avez atteint le but.
Il brouillasse	Il bruine.
Elle a cru de bien faire	Elle a cru bien faire.
Il a bosselé ce chandelier	Il a bossué ce chandelier.
J'ai mis de la castonade dans la casterole	J'ai mis de la cassonnade dans la casserole.
Un propos capable de nuire	Un propos susceptible de nuire.
Changez-vous	Changez de vêtements.
Six boîtes à deux francs chaque	Six boîtes à 2 francs chacune.
Le verre est casuel	Le verre est cassant, fragile.
Cacaphonie	Cacophonie.
Il a une voix de centaure	Il a une voix de Stentor.

Ne dites pas,	*Dites.*
Un marchand clincaillier	Un marchand quincailler.
Allez au bout du collidor	Allez au bout du corridor.
Voilà un chirugyen d'une belle corporence	Voilà un chirurgien d'une belle corpulence.
C'est une affaire conséquente	C'est une affaire importante.
Je vais colorer cette image	Je vais colorier cette image.
Il est dangereux que cette muraille croûle	Il est à craindre que cette muraille croûle.
Chipoteur, chipoteuse	Chipotier, chipotière.
Il est bien corporé	Il a de la corpulence.
Une contrevention	Une contravention.
Je me suis en allé	Je m'en suis allé.
Il ne décesse de parler	Il ne cesse de parler.
J'ai déjeuné avec du pâté	J'ai déjeûné de pâté.
J'ai une'enflamnation, une crésipéle, une esquilancie, une plurésie et les fièvres	J'ai une inflammation, une érysipèle, une esquinancie, une pleurésie et la fièvre.
Il est effatué de sa personne	Il est infatué dans sa personne.
Descendez vite les escaliers	Descendez vite l'escalier.
C'est un danger éminent	C'est un danger imminent.
Il a fait une longue maladie	Il a eu une longue maladie.
Evitez-moi cette peine	Epargnez-moi cette peine.
Il fait de la rosée	Il tombe de la rosée.
Il m'a fixé longtemps	Il m'a regardé longtemps.
Il a été fait mourir	Il a été mis à mort.
Cet homme est farce	Cet homme est farceur.
J'ai eu la fringale	J'ai eu la faim-valle.
Cet homme est fortuné	Cet homme est riche.
Imaginez-vous que	Imaginez-que.
Le gigier d'un dinde.	Le gésier d'une dinde.
J'ai une hémorragie de sang	J'ai une hémorragie.
Le gaudron est une espèce de poix	Le goudron est une espèce de poix.
Une place imminente	Une place éminente.
Il jouit d'une mauvaise santé	Il a une mauvaise santé.
N'invectivez personne	N'invectivez contre personne.
Je leur suis parent	Je suis leur parent.
Je me suis laissé dire	On m'a dit.
Il y a jeu d'eau	Il y a un jet d'eau.
J'ai eu 20 personnes à manger	J'ai eu 20 personnes à diner.
Les père et mère	Le père et la mère.
Je lui en défie	Je l'en défie.
Cette cuisine a un lévier	Cette cuisine a un évier.
Une humeur massacrante	Une humeur insupportable.

Ne dites pas.	*Dites.*
Il a un air minable et rébarbaratif	Il a un air misérable et rébarbatif.
Aimez-vous les nentilles, la rimoulade, la semouille	Aimez-vous les lentilles, la rémolade, la semoule.
Il morigine ses enfants	Il morigène ses enfants.
Je vous observe que	Je vous fais observer que.
Est-il ostiné	Est-il obstiné.
Quelle oragant il a fait sur les minuit	Quel ouragan il a fait sur les minuit.
Le palfermier a reçu une rinçée	Le palefrenier a reçu bien des coups.
Cette rue est bien passagère	Cette rue est bien fréquentée.
Comprends-tu la pantomine	Comprends-tu la pantomime.
Je dis que cette personne est bien portante	Je dis que cette personne se porte bien.
Je vous promets que cela est	Je vous assure que cela est.
J'irai vers les midi précises	J'irai à midi précis.
Cet enfant est rancuneux	Cet enfant est rancunier.
Je ne me rappelle pas de son nom	Je ne me rappelle pas son nom.
Qu'a-t-il à se plaindre	De quoi a-t-il à se plaindre.
Elle a l'air d'une sainte Mitouche	Elle a l'air d'une sainte n'ytouche.
Où restez-vous	Où demeurez-vous.
Il a recouvert la vue, la santé	Il a recouvré la vue, la santé.
Rétablir le désordre	Rétablir l'ordre.
Il a pris sa revange	Il a pris sa revanche.
On ne croit plus aux sorcilèges	On ne croit pas aux sortilèges.
Tu sais bien un tel	Tu connais bien un tel.
Tâchez que je sois satisfait	Faites en sorte que je sois...
Il est susceptible de faire cela	Il est capable de faire cela.
Je suis été malade	J'ai été malade.
Tel qu'il soit cela m'est égal	Quel qu'il soit cela m'est égal.
Je sors d'être malade	Je viens d'être malade.
Voici une étoffe bien tissée	Voici une étoffe bien tissue.
J'ai acheté trois têtes d'oreillers	J'ai acheté trois taies d'oreillers.
Une fois pour tout	Une fois pour toutes.
Les fruits tombe par terre	Les fruits tombent à terre.
Un arbre tombent à terre	Un arbre tombe par terre.
Comment vous va	Comment vous portez-vous.
Une plante est venimeuse	Une plante est vénéneuse.
Tu est un vilain trichard	Tu es un vilain tricheur;
Un insecte est vénéneux	Un insecte est vénimeux.
Faites le trayage des lettres	Faites le triage (ou le tri).

Ne dites pas,	*Dites.*
Voyez voir	Voyez, regardez.
Venir à bonne heure	Venir de bonne heure.
Nous avons plusieurs endroits à aller	Nous devons aller dans plusieurs endroits.
La maison à mon père	La maison de mon père.
De manière à ce que	De manière que.
On fait à savoir	On fait savoir.
La clé est après la porte	La clé est à la porte.
Aussitôt son départ	Aussitôt après son départ.
On demande après vous	On vous demande.
C'est à vous à qui je parle	C'est à vous que je parle.
Au jour d'aujourd'hui	Aujourd'hui.
Cinq à six heures	Cinq ou six heures.
Supérieurement bien fait	Supérieurement fait.
Brave comme tout	Brave comme on peut l'être.
Aussi grand comme moi	Vous êtes aussi grand que moi.
Aller à croche-pied	Aller à cloche-pied.
Il est sans contredire le plus sage	Il est sans contredit le plus sage.
Il a ses souliers dans ses pieds	Il a ses souliers aux pieds.
C'est de vous de qui je parle	C'est de vous que je parle.
Il croit de bien faire	Il croit bien faire.
Comme de juste	Comme il est juste.
Bien du contraire	Bien au contraire.
Ainsi donc vous avez tort	Ainsi vous avez tort.
Il va en errière	Il va en arrière.
En cas que vous réussissiez	Au cas que.
Il agit mal envers moi	Il agit mal avec moi.
L'air noble en impose	L'air noble impose.
Nous allons dîner, puis ensuite nous partirons	Nous allons dîner, ensuite nous partirons.
En outre de cela	Outre cela.
Au fur et à mesure que	A mesure que.
Sachez là où il est	Sachez où il est.
Hier soir, hier matin	Hier au soir, hier au matin.
Il parle des mieux	Il parle très-bien.
Il est forcé malgré lui de partir	Il est forcé de partir.
Il est parti malgré la pluie	Il est parti nonobstant la pluie.
Arracher brin par brin	Arrache, brin à brin.
C'est là où je demeure	C'est là que je demeure.
Or donc j'ai raison	Donc j'ai raison.
Ous que vous avez été	Où avez-vous été.
Il l'a fait par exprès	Il l'a fait exprès.
Tant pire	Tant pis.
Je n'en ai pas guère	Je n'en ai guère.

Ne dites pas,	*Dites,*
Fermez un peu la porte	Fermez la porte.
Combien que tu en as	Combien en as-tu.
J'y serai quand et vous	En même temps que vous.
Quoique cela	Malgré cela.
Obéissez de suite	Obéissez tout de suite.
Il est si tellement bon	Il est si bon.
A la rebours	Au rebours.
J'en ai suffisant	J'en ai suffisamment.
Ingrat vis-à-vis de ses parents	Ingrat envers ses parents.
J'irai tout de même	J'irai néanmoins.
Tant qu'à moi	Quant à moi.
Je l'ai vu sur le journal	Je l'ai lu dans le journal.

FIN.

www.ingramcontent.com/pod-product-compliance
Lightning Source LLC
Chambersburg PA
CBHW070807290326
41931CB00011BA/2163